熊晓杰说文旅

实战营销操盘笔记

熊晓杰 ● 著

广东旅游出版社
GUANGDONG TRAVEL & TOURISM PRESS
悦读书·悦旅行·悦享人生

中国·广州

图书在版编目（CIP）数据

熊晓杰说文旅：实战营销操盘笔记 / 熊晓杰著． — 广州：广东旅游出版社，2022.12（2024.6重印）
ISBN 978-7-5570-2898-5

Ⅰ．①熊… Ⅱ．①熊… Ⅲ．①旅游文化－市场营销学 Ⅳ．① F590.82

中国版本图书馆 CIP 数据核字（2022）第 214835 号

出 版 人：刘志松
策划编辑：林保翠
责任编辑：林保翠　俞　莹
封面设计：何广善　周喜玲
内文设计：邓传志
责任技编：冼志良
责任校对：李瑞苑

熊晓杰说文旅：实战营销操盘笔记
XIONG XIAO JIE SHUO WEN LÜ：SHIZHAN YINGXIAO CAOPAN BIJI

广东旅游出版社出版发行
（广州市荔湾区沙面北街71号首、二层　邮编：510130）
电话：020-87347732（总编室）
020-87348887（销售热线）
投稿邮箱：2026542779@qq.com
佛山家联印刷有限公司印刷
（佛山市南海区桂城街道三山新城科能路10号自编4号楼三层）
787 毫米 ×1092 毫米　16 开　20 印张　150 千字
2022 年 12 月第 1 版　2024 年 6 月第 3 次印刷

定价：98.00 元

【版权所有　盗版必究】
书本如有错页倒装等质量问题，请直接与印刷厂联系换书

目录

前言　　为什么要读熊晓杰　　　　　　　　　　1
前言　　新文旅宝典来了！　　　　　　　　　　11

第一部分　娱乐化营销　　　　　　　　　　13

1. "娱乐化营销"与"企业媒体化"的由来　　　　14
2. 娱乐化营销就是花钱买IP或与爆款节目合作吗？　　16
3. 娱乐化营销，从"借船出海"到"造船出海"　　18
4. 面对河南卫视们，政府和景区应该做对什么？　　20
5. 新闻至上，没有新闻就制造新闻　　　　　　22
6. 为你的品牌讲故事　　　　　　　　　　　　26
7. 你知道还有一个音乐的长隆吗？　　　　　　28
8. 没有主题就没有吸引力　　　　　　　　　　31
9. 我是怎样把自己的生日派对做成刷屏事件的？　　34
10. 如何提炼令人共鸣的情怀主题？　　　　　　36
11. 如何让文旅消费者为怀旧买单？　　　　　　38
12. 超级文和友是披着餐厅外衣的文旅项目　　　40
13. 大象为什么能成为最好的"中国故事"？　　42
14. 一句话说清楚消费者必选你的理由　　　　　44
15. 定位是必须的，但只有定位是不够的　　　　46
16. 从玲娜贝儿爆火你可以学到什么？　　　　　48
17. 为什么每个景区都需要自己的玲娜贝儿？　　51
18. 你卖的不是产品而是场景　　　　　　　　　53
19. 为品牌注入情感，让消费者为你感动　　　　55
20. 共情，文旅项目成功的关键因素！　　　　　57
21. 内容为王，每个企业都需要首席内容官　　　59

22. 内容，内容，还是内容 61
23. 再牛的企业，也得抱团打天下 63
24. 景区也需要经营自己的朋友圈 65
25. 只有河南·戏剧幻城＋中国李宁＝？ 67
26. 文旅营销成功的八个步骤 69
27. 文旅营销媒体投放的"黄金十二法则" 71
28. 那些娱乐化营销的大神们 73
29. 弄懂娱乐化营销必读的几本书 75

第二部分　　企业媒体化　　　　　　　　　　　　77

30. 企业自媒体与三个权力的转移 78
31. 3.0时代的自媒体是充分媒体属性的自媒体 80
32. 文旅自媒体不仅仅是指线上自媒体 83
33. 直播会是景区弯道超车的捷径吗？ 86
34. 让私域流量成为企业的战略资产 89
35. 内容营销和全员营销应该成为文旅人的本能 91
36. 为什么别人家生产的内容那么火？ 93
37. 广州市长隆马戏的故事 95
38. 短视频时代同样需要中视频 97
39. 为什么文旅企业要全力拥抱视频号 99
40. 如何才能让自己的景区网红起来？ 101
41. "打卡古龙峡，你就是网红"的价值 103
42. 元气森林完美日记钟薛高你学得到 105
43. 元气森林完美日记钟薛高你学不到 108

第三部分　　趋势研判　　　　　　　　　　　　111

44. 文旅行业决胜未来的六大能力　　　　　　　112
45. 文旅可以赋能一切吗？　　　　　　　　　　114
46. 文旅项目没有前策会死吗？　　　　　　　　116
47. 为什么文旅产品鲜有爆款？　　　　　　　　119
48. 为什么美感的力量那么重要？　　　　　　　121
49. 我们为什么要重视节气营销？　　　　　　　124
50. 为什么我们要推崇新物种　　　　　　　　　126
51. 如何在抖音玩转文旅营销？　　　　　　　　128
52. 用社群激活并连接用户　　　　　　　　　　130
53. 这个世界还会好吗？　　　　　　　　　　　132
54. 谁能引领未来生活方式？　　　　　　　　　134
55. 当我们谈论主流时代时，我们在谈论什么？　136
56. 消费者共创时代来临　　　　　　　　　　　138
57. 企业为什么要文旅化生存？　　　　　　　　140
58. 中小企业如何成为大型文旅产品的插件？　　142
59. 从B端杀到C端是制造企业换道超车的机会　144
60. 《西部世界》是沉浸式体验的终极形态　　　146
61. 如何在下沉市场中找到文旅商机？　　　　　148
62. 露营对文旅行业意味着什么？　　　　　　　150
63. 露营和民宿热的本质是什么？　　　　　　　153
64. 剧本杀未必是你的菜！　　　　　　　　　　155
65. 新能源汽车应该成为景区的天然伙伴　　　　157

第四部分　城市营销与乡村振兴　　　　　　　　**159**

66. 城市营销有多少坑？　　　　　　　　　　　　160
67. "熊本惊喜"对城市品牌推广的启示　　　　　　162
68. 没有超级景点的长沙为何能成为网红旅游城市？　164
69. 襄阳可以借《你好，李焕英》出圈吗？　　　　　167
70. 旧街区改造建设中的人文价值呈现　　　　　　　169
71. 漠河，除了舞厅，还有极光　　　　　　　　　　171
72. 为什么是凤羽？为什么是封新城？　　　　　　　173
73. 如何用艺术点亮乡村？　　　　　　　　　　　　177
74. 乡伴销售的是乡愁和情怀　　　　　　　　　　　179
75. 异域风情应该成为新疆最大的卖点　　　　　　　181
76. 为了家乡旅游，文旅局长们到底能有多卷？　　　183

第五部分　迪士尼的启示　　　　　　　　　　　**185**

77. 迪士尼是如何点亮神奇创意的？　　　　　　　　186
78. 迪士尼是如何批量打造超级 IP 的？　　　　　　188
79. 为什么说迪士尼化是一个卓越的商业思维？　　　190
80. 《迪士尼战争》，艾斯纳的另类传记　　　　　　192

第六部分　个案点评　　　　　　　　　　　　　**195**

81. 从《遇见大庸》看科技赋能文旅的价值　　　　　196
82. 拈花湾凭什么打造"当代精品，未来遗产"？　　198
83. 石板岩校友和石板岩校友展的价值　　　　　　　200
84. 裸心谷的核心价值不在于建筑和风景　　　　　　202

85. 中国马文化第一品牌是如何打造的? 204
86. 狂人国,文旅蓝海的标杆 206
87. 黑乡是如何做到极致沉浸式复古体验的? 208
88. 没有戏剧节,乌镇还是"不一样的乌镇"吗? 211
89. 为什么《雄狮少年》会成为星乐度的战略抓手? 214
90. 为什么丽江小倩会出现在熹乐谷? 216
91. 东北不夜城为啥能"点亮东北"? 218
92. 这有山,一个不是购物中心的景区 220
93. 锅碗瓢盆刀叉蔬菜成就的超级秀 223
94. 城市微度假就去正佳星球 225
95. "长安十二时辰"为什么不靠广告就能火? 227
96. 为什么《阿波罗尼亚》会大受欢迎? 229
97. 中国文旅界的博涛现象 231
98. 为了一颗"蘑菇",奔赴一座城 234
99. 入住维港湾1号,你就是女一号! 236
100. 我们应该向长隆学习什么? 239

附录

经典营销理论在文旅行业
　　难以奏效时,我们的解决之道在这里! **242**

狂人国,告诉你一个主题公园行业的蓝海 **253**

不做"中国的狂人国"，
　　要做"世界的只有河南·戏剧幻城" **263**

中国文旅十大趋势 **269**

后疫情时代，景区如何实现弯道超车？ **282**

执惠专访熊晓杰：三年磨剑，聚焦文旅 **295**

那些让我变成现在模样的书 **301**

前言（一）
为什么要读熊晓杰

我的老同学、老同事、老朋友，前资深媒体人、前职业经理人、现著名文旅实战营销专家熊晓杰的第一本聚焦文旅营销的著作，可能也是国内首部聚焦文旅实战营销的著作，终于要面世了。

■ 《熊晓杰说文旅》的偶然与必然

出版《熊晓杰说文旅》这本书，在熊晓杰看来非常偶然。从2020年开始，他着手做"熊晓杰说文旅"自媒体，每期推出一个时长数十秒到数分钟不等的视频，或阐述理念，或分析个案，或点评热点，忙里偷闲，随性而为。没想到从第一期开始，几乎每期内容都会得到很多企业老总级及行业专家级人士或留言或私信发来的认可。朋友们都希望他能够坚持做下去。也经常有朋友问他"什么时候将这些内容集结出书"，甚至有不少人看完短视频后直接找他要文字版，要打印出来对照学习。这个反响完全出乎他的意料，因为"'熊晓杰说文旅'的内容大部分都是即兴创作，内容比较粗粝，体例也谈不上严谨"。

不过在旁人看来其实也很容易理解。虽然视频内容谈不上精雕细琢，但都是熊晓杰十几年文旅品牌营销生涯思考和实践的结晶，非常干货。加上口语化的表达通俗易懂，非常契合碎片化时代人们的阅读习惯，因此受到欢迎并不奇怪。读者们在阅读这本书时也会发现，即兴式的创作和口语化的表达这些特征都保留了下来，这也是这本书的一大特点。

有偶然性就有必然性。自 20 世纪七八十年代西方市场营销理论进入中国以来，国内营销理论界出版了大量的书籍，可谓百花齐放、百家争鸣，然而关于文旅营销的书籍却是凤毛麟角，尤其是将理论和实践相结合的，更是难觅踪迹。这个空白，由熊晓杰来填补再合适不过。首先，作为那个年代为数不多的高学历精英，熊晓杰拥有暨南大学国际新闻研究生和中山大学营销学博士学历，具备专业的研究能力和良好的理论素养；其次，他做过长达 16 年的财经记者，横跨整个 20 世纪 90 年代，见证了中国经济现代化进程中最为关键的一个阶段，他既是观察者，也是参与者，见识和视野非常人所能及；第三，他在中国文旅第一品牌企业长隆全面负责品牌、营销、活动策划、公关和自媒体建设 14 年。在这期间，一方面，他作为管理者具备方向把握和引领能力；另一方面，他又以其超强的创意能力和问题解决能力活跃在一线，指导实践，打造出许多经典案例。目前，在文旅营销界中，有理论研究的专家，有实操能力强大的高手，但将理论和实践很好结合并取得公认成绩的，熊晓杰是极少数人之一。

熊晓杰不同寻常的人生经历，赋予了这本书阅读价值。与这本书一样，熊晓杰本人也非常值得读者去阅读。如果将他的人生经历展开，你可以看到一个闲不住、爱折腾、拥有多个人生标签的熊晓杰，一个鲜活的文旅营销人样本。

■ 在小报也要做大记者

在学生时代，熊晓杰就表现得非常与众不同。小学时期，在许多同龄人还在街头瞎逛的时候，他常常一个人泡在邮局和图书馆购买报纸、杂志和阅读。也因为这个爱好，让他日后轻松考上暨南大学国际新闻的硕士研究生。进入研究生阶段以后，在没有耽误专业学业的情况下，他对社会学和经济学领域的知识产生了浓厚的兴趣，阅读了大量的相关书籍和报刊，使得他的知识面和眼界比同学更丰富，也为日后成为一名出色的财经记者打下了坚实的基础。这些学生时代的积累，让他拥有超越同龄人的思想高度。

熊晓杰在人生的每一个阶段都表现出很强的规划性。举个例子，大一的暑假，他没有像很多学生一样回家，而是专门留下来做两件事：一是健身，希望让身体变得强壮，并且磨炼自己的意志；二是学习吉他，因为他觉得作为一个男生，会弹吉他是件很酷的事情——这个爱好陪伴他至今，并且成为他与音乐连接的桥梁，成为他后来操作许多音乐类营销活动的基础。

这些与众不同的表现，足可见熊晓杰从小到大志存高远，是一个有梦想并且愿意为梦想奋斗的人。研究生毕业以后进入《信息时报》，报社做了一个征文比赛，让每个员工写一篇对报社周年庆的感悟和看法。大多数人写的都是作为一个信息时报的记者如何自豪以及工作中的一些闪光细节。熊晓杰的题目叫作《在小报也要做大记者》，他认为，尽管因为当年的时代环境，被迫"流落"到一个比较小的平台，但是他一定要做大记者。后面的故事我们就很清楚了，熊晓杰不仅成了大记者，而且成了一个报纸的创始人和总编辑。

■ 站在巨人的肩膀上

这份报纸就是脱胎于《信息时报》的《赢周刊》。《赢周刊》不仅让熊晓杰实现了做大记者的梦想，也让其人生进入一个全新的阶段。

《赢周刊》的创办，让熊晓杰终于可以一展拳脚。他为这份全新的报纸提炼了三句话作为办报宗旨：第一是追踪商战；第二是剖析成败；第三个就是聚焦名人。

在前有《中国经营报》《经济观察报》《21世纪经济报道》等财雄

势大同类报纸的竞争格局下,《赢周刊》选择了差异化定位:协助中小企业成长。他的《赢周刊》,更注重微观经济,更注重商业的细节,更注重商业中人的意义和价值。这使得《赢周刊》在强大的财经报刊竞争格局中,也能拥有一席之地。尤其是很多中小企业家和职业经理人,都把《赢周刊》视为商场傍身利器。

在离开《赢周刊》之前,熊晓杰先后面对面访谈了近200位财经名人,几乎所有中国最杰出的商界大佬都在访谈之列。后来又更进一步,推出"生于六十年代"专栏,对一批生于20世纪60年代的精英企业家和文化人的心路历程进行深度挖掘报道。

为什么会特别注重人物的报道?在熊晓杰看来,人是经济生活中最鲜活的元素。离开了具体的人,经济和商业索然无味。人性在经济和商业中的表现,人性对于商业成功或失败的影响,商业和社会进步对于人性的提升,都是他非常感兴趣的内容。

作为那个时代财经领域的调查记者,熊晓杰的"追踪商战、剖析成败、聚焦名人"策略也让他和赢周刊产出了很多精彩的报道。其中,《太阳神,下一个受伤者会是你吗?》可以称得上是熊晓杰记者生涯里最为成功的一个报道。当时这篇文章发表以后,引起全国性第二次民营企业的反思热潮。熊晓杰因此也和朋友合著出版了《中国民营企业的反省年代》一书。这本书当年出现在很多民营企业大佬如何享健等人的书架上。太阳神这个案例也被吴晓波作为民营企业失败的经典案例收录到他的《大败局》里面。

爱多VCD,曾经的明星企业,巅峰时市场占有率将近1/3,一度是中国最成功的家电品牌之一。熊晓杰透过爱多一个高管的离职,敏锐地意识到这家风光无限的企业背后可能已经出现了问题,很快,《爱多,还是苦多?》报道出炉,成为全国第一篇报道爱多危机的稿子。

那些年,熊晓杰和《赢周刊》的这些轰动全国的报道,引发了强烈的社会反响,以至于经常有企业拿着报纸上门跟他们探讨企业经营发展的问题，这让他深感作为一个媒体人和知识传播者的价值和社会责任。

这段经历，对熊晓杰影响特别大，他说，"做记者非常好的一点就是纵采百家之长，站在巨人的肩膀之上"。因为访谈对象全是中国最杰出的人士，他们的经营理念、管理方式、思维模式、为人处事等，有的高屋建瓴，有的细致入微；有的很西方思维，有的秉持中国的传统价值观念，这些成功的经验给了他很好的滋养。"《赢周刊》阶段对于我来说是一个非常好的成长进步过程。"

熊晓杰与当中的很多访谈对象成为知交好友，之后也常常切磋交流。其在品牌和营销上的理念，大部分就形成于这个时期。

16年的媒体生涯，熊晓杰见证了一批曾经叱咤风云的企业的潮起潮落，从如日中天，到折戟沉沙，再到东山再起。这种近距离的观察所得到的一手信息，远不是从书本或互联网搜集的信息所能比拟。熊晓杰的理论体系在"追踪商战、剖析成败、聚焦名人"中不断走向成熟，他的前瞻性视野和多角度思考问题、解决问题的能力也得到进一步的强化。

■一个拥有前瞻性视野的人

熊晓杰投笔从商，是带着理论体系进入企业的，在企业的14年对熊晓杰来说是一个从理论到实践的过程。

长隆的娱乐化营销在业界独领风骚，企业媒体化运作成为行业标杆，正是源自熊晓杰的前瞻性视野和对市场精准预判，使得长隆先后抓住综艺真人秀和企业自媒体的风口。

熊晓杰加入长隆后，提出了两句非常经典的论断。一句是：长隆不是一家旅游企业，而是一家娱乐企业。他认为"旅游企业"这个叫法不够性感，它应该让自己娱乐起来，从而更好地传播和影响受众。明确这个定义以后，熊晓杰多次带领团队造访中国综艺娱乐的扛把子湖南电视台，游说对方将综艺节目拍摄地选择到长隆。他认为，综艺真人秀一定会火爆，而景区拥有最适合综艺真人秀录制的场景和各种资源配置，两者天生互补。

在熊晓杰的努力下，从2014年开始，《爸爸去哪儿》《爸爸回来了》《中国好声音》《奇妙的朋友》《奔跑吧兄弟》等国内头部综艺先后在长隆落地。借着这些IP的影响力，长隆开始打开全国知名度。后来，草莓音乐节、春浪音乐节、EDC电音节等知名音乐节IP也相继走进长隆，使之成为南中国音乐地标。与国际影片《功夫熊猫》的合作，也成为国内品牌与好莱坞电影合作的经典案例。熊晓杰也在这些成功经验的基础上，总结提炼出"娱乐化营销"的八大方法论。

熊晓杰关于长隆的另一句论断是：长隆不只是一家企业，更是一家媒体。每年长隆能够迎来数千万游客，如果长隆是一家媒体，那么就相当于有数千万的读者，这几乎是一个全国性媒体的影响力。所以，长隆应该成为一个媒体，这样就有了跟其他媒体和品牌对价交换的资格。

熊晓杰是下海媒体人中对商业氛围适应得比较快、比较好的那一类人。但他内心始终流淌着媒体人的血液。所以当自媒体时代到来的时候，熊晓杰兴奋异常。他觉得终于迎来了"忠孝两全"的机遇。他迅速带领团队编制长隆自媒体白皮书，打造企业自媒体矩阵。

关于"娱乐化营销"和"企业媒体化"两大理论，在这本书中将有详细的解读，在此不再赘述。

熊晓杰的前瞻性视野还体现在社群运营上。当下营销人言必称的社群，熊晓杰很早就已经开始实践。早在《赢周刊》时期，他就开始有意识地经营一个社群，叫"生于六十年代"俱乐部，这是中国首个以代际为标签的社群。熊晓杰认为六十年代出生的人既有七十年代出生的人所不具备的厚重感，又有五十年代生人所不具备的开放性优势，是当时中国社会的中坚阶层。他在策划出版的《生于六十年代》系列丛书中引用美国NBC记者汤姆·布罗考的《最伟大的一代》的说法来定义六十年代生人。"生于六十年代"社群（生于六十年代俱乐部）做过两届活动，参与的名人非常多，第一届有罗大佑、王志纲（作为影响六十年代生人的 50 后）、崔健、方洪波、段永平、陈春花、方力钧等，第二届来了马云、赵达裕等。这个俱乐部几乎囊括了中国大部分六十年代出生的大部分的企业界、文化界精英。

"生于六十年代"社群的成功运营，让熊晓杰很早就认识到做社群的几个基本元素：第一是要有特定的人群，第二要有特定的价值观或者生活方式，与这群人形成共识，引发共情，击中他们内心最柔软的地方。

后来熊晓杰开始做"放肆青春"这个社群。通过"放肆青春"，他深刻认识到同一个群体的人是怎么通过共同的理念、共同的价值观、共同的情怀凝聚在一块的。

"放肆青春"做过六届音乐会，每一届都有很多各行各业的精英人士自发参加，甚至一起去美国伍德斯托克音乐节现场、去熊晓杰父亲的家乡——湖北京山的一个小山村里。原因是社群所彰显的一些理念，包括"相互温暖，彼此点亮"这个口号，让社群的超级中年们感受到同行者的鼓励和激发，不断突破认知和生活的局限。每一届的主题的策划，包括"乡村路带我回家""钢铁是怎样炼成的""我的故乡在八十年代"等，对应这个群体的成长心路历程，很好地引发了每个成员的共情。"放肆青春"还有专门的视觉系统（如手势、LOGO 等）和年度定制服装，还产出了三部纪录片。这个社群的成员都以社群为荣，大家互称"肆友"。很多成员长年穿着当年款的定制服装，包括一些电视台的主持人，即便是在出镜主持时都会穿着放肆青春定制服装，充分反映了大家对"放肆青春"社群的认同感。"放肆青春"这个案例，也被写入全国性教材《消费者行为学》里面，成为学术界认同的案例。熊晓杰认为，现在的社群不过多了一些互联网的玩法而已，但是底层逻辑是一脉相承的。

■一个不断学习的人

从成功的媒体人转型为成功的职业经理人，从职业经理人转身为文旅营销策划人，熊晓杰在不断地尝试人生的新领域，和实现自我的新突破。熊晓杰攻读博士时的导师、国内营销学术界泰斗卢泰宏曾借用罗曼·罗兰的一句话评价他："有的人凭借自己的努力，可以成功抵达人生的彼岸；有的人还可以凭借努力，多次抵达人生的彼岸。熊晓杰就是后者。"

熊晓杰说自己并不是一个智商特别高或者情商特别好的人，只不过是从小有梦想并且热爱学习。

上面提到，熊晓杰从小就喜欢看报纸、杂志，直到今天，无论多忙，他依然享受着购书的乐趣和保持着阅读的习惯。通过大量的阅读，获得知识上的丰富和认知上的超越。在这本书的附录中有一篇文章叫《那些让我变成现在模样的书》，里面列举了各个阶段对熊晓杰产生不同影响的书，既包括宏观经济的，又包括具体的经营管理、品牌营销的，甚至还有小说传记类作品。

熊晓杰认为，一个做品牌营销的人，首先一定是一个杂家，一个什么都能懂一点的人；其次，除了杂以外，在某些领域又要有专精的研究；第三，还是一个拥有高于常人视野、有前瞻性的人。熊晓杰通过大量的阅读，让自己成为一个杂家；在媒体工作期间一直从事财经和企业经营的报道，后来又师从国内营销界泰斗卢泰宏攻读营销学博士，让自己成为财经、企业经营以及品牌营销方面的专家；而高于常人的、前瞻性的视野则是从一群优秀的人那里学来的。

在媒体工作期间，熊晓杰"站在巨人的肩膀上"纵采百家之长，投笔从商以后，又不断向身边优秀的人和团队学习。

长隆苏志刚先生，中国最成功的文旅企业创始人、熊晓杰的前老板。

他对行业的洞察，对中国消费市场精准的研究，对产品打造的一丝不苟、追求完美的工匠精神，大开大合、勇于挑战不断自我突破的格局，都对熊晓杰在文旅行业的成长有莫大的帮助。

创业以后，熊晓杰在为客户输送经验智慧、提供顾问服务的同时，也从客户那里得到很多启发。比如说正佳集团父子两代企业家的想象力、格局、社会责任感，都是令人佩服并值得学习的。还有只有河南·戏剧幻城团队，其运作和管理水平，以及企业文化和价值观，在行业内都是可圈可点的。中国马镇创始人林东旭先生，则是熊晓杰创业后服务的第一个客户，他在对方身上看到了所有成功企业家的缩影：勤奋好学、有理想、正直、讲信用。这些优点让人看到了新一代企业家的爆发力以及家国情怀。还有熹乐谷的王硕朋先生、大横琴的曾艳女士等，每个人都让他从不同层面、不同维度学习借鉴到很多。

除了爱学习，熊晓杰还很善于积累资源。熊晓杰认为，资源的多寡，决定认知的高低。他在媒体和长隆的30年间，大量接触中国各行各业，尤其文旅行业的各种社会资源，跟各种内容制造的机构和部门，活动执行的机构和人员，以及各种社会媒体、各种IP的拥有者和打造者保持着良好的关系。这样一些关系，也在滋养和帮助熊晓杰形成理念、坚定信心。一个人的思想不是凭空来的，很多创意、策划、灵感一定是碰撞产生的结果。熊晓杰一直在跟中国顶级的资源对接碰撞，不断产生灵感，产生系统化思考，产生超越常人的超前思维。

■成就中国文旅第一品牌

尽管离开媒体已经十多年，但那段经历依然在影响着熊晓杰。他一直认为他人生的下半场，应该是一个以知识传播为主的行业的从业者。在熊晓杰离开长隆的时候，曾经有很多企业抛出了橄榄枝，给出的薪水都非常可观。但在熊晓杰看来，帮助一个企业所带来的价值感，显然无法与帮助众多企业所带来的价值感相提并论。所以他成立时代文旅，希望利用自己的知识、智慧、资源去服务更多的企业，帮助他们成长，让更多的中国文旅企业成为至少某一地区或某一品类的中国文旅第一品牌。

不难发现，时代文旅的使命"成就中国文旅第一品牌"与《赢周刊》的使命"协助中小企业成长"，有异曲同工之妙。

出走半生，归来仍是那个媒体人熊晓杰。

著名媒体人 / 人文财经观察家 / 秦朔

前言（二）
新文旅宝典来了！

我是"空间媒体"这一新文旅概念的提出者，但我的老朋友、也是我的传媒老战友和文旅新战友熊晓杰，却是"空间媒体"的最佳阐释者、最佳实践者和最佳代言人。

熊晓杰是下过两次海的人。

第一次下海是他从传媒总编变身文旅总编，投身第一线，在十多年里，以长隆集团助理总裁、市场总经理的身份，操盘长隆的市场运作并使之成长为中国文旅第一品牌。

第二次下海是他从单一文旅项目抽身出来，成立专业文旅策划咨询机构，为中国新文旅热潮的N多项目提供诊断、辅导和引爆服务。

第一次下海让他成为中国文旅大战的"四野"主将。

第二次下海让他成为"新文旅"概念与实战的"教父"。

事实上，他也是"一切皆文旅，文旅赋能一切"这一新文旅观的提出者、鼓噪者、传播者和实践者。

他的新文旅观和实战心得，而今结晶为这本书。

所以，与其说这是本新文旅实操手册，不如说是文旅转型期里业内人应该人手一册的新文旅宝典。

一句话——XX文旅怎么破？听听晓杰怎么说！

《新周刊》创办人 / 乡创中国发起人 / 空间媒体联盟发起人　封新城

第一部分
娱乐化营销

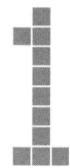

"娱乐化营销"与"企业媒体化"的由来

2005年,我从媒体下海到长隆。我当时提出了两个观点,一个是:**我们不是旅游企业,我们是娱乐企业**。为什么这样说?因为首先我觉得旅游企业这个概念不够性感、不够时尚,给人的感觉比较传统,所以我们希望通过娱乐元素的注入,让它变得性感、时尚起来。其次是因为我们所处的时代是一个"娱乐至死"的时代。正如尼尔·波兹曼在《娱乐至死》一书中所说,一切都以娱乐的方式进行;人类心甘情愿成为娱乐的附庸,最终成为娱乐至死的物种。大前研一在他的《低智商社会》里表达了同样的观点。在这样一个低智商的、高度娱乐化的时代里,娱乐化营销一定是撬动消费者心智的最有效的方式。

另一个观点是:**我们不只是一个企业,更是一个媒体**。企业应该媒体化生存,这个是我发明的一个说法。

很多年前,尼葛罗庞帝写了一本书,叫《数字化生存》。他说,所有企业都将是互联网企业。当时的人们都不以为然。

但在他说完这句话后的很短时间内,所有的企业都互联网化了。

企业媒体化生存的意思是说,企业不仅要利用媒体(广告、新闻、品牌联合推广等),创造媒体(企业自媒体),更重要的是要像媒体一样思考和工作。

我过去在甲方时经常说的一句话就是，我们的任务就是思考如何从媒体和传播的角度来制造和传播新闻以及各种深入人心的内容。

企业媒体化生存对企业的观念意识提出了更高的要求。不仅是品宣和市场部门，所有员工都必须具备媒体的思维和意识，尤其是企业的老板。

只有当我们充分拥有媒体思维时，我们才能在这个内容营销和社交媒体的时代，用最少的钱，最高效地传播品牌。

在18年的文旅营销实战经历中，我最大的收获就是总结提炼和实践了"娱乐化营销"和"企业媒体化"两大核心方法论。

这两个核心方法论已经在我过去所服务的中国文旅第一品牌企业——长隆身上得到了印证，目前也正在为更多的企业赋能。

我认为，"娱乐化营销"和"企业媒体化"包括一系列的战术分解，是目前最适合中国文旅行业品牌塑造和市场推广的方法论。

在第一部分中，我们重点讲一讲娱乐化营销。企业媒体化的内容我们放到第二部分。

其中，娱乐化营销从战略到战术的八个步骤中的"打造企业自媒体"，因其属于企业媒体化的范畴，因此我们也将其放到第二部分进行着重讲解。

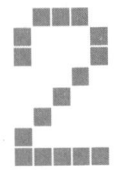

娱乐化营销就是花钱买 IP 或与爆款节目合作吗？

由于我们过去操作了一系列中国文旅行业的标杆式的娱乐化营销合作案例，比如与真人秀节目《爸爸去哪儿》《奇妙的朋友》《跑男》、好莱坞大片《功夫熊猫》、游戏《王者荣耀》等合作，所以很多人以为所谓的娱乐化营销就是与大 IP 合作。

其实，娱乐化营销包含八个方面，我们称之为"娱乐化营销八法"，分别是：一、新闻至上；二、为你的品牌讲故事；三、与娱乐联姻；四、主题化你的产品；五、提炼独特卖点；六、把产品变成场景；七、为品牌注入情感；八、内容为王。

娱乐化营销是从战略到战术的一个系统工程。这里面，最重要的是娱乐化的思维和精神，其次是娱乐化营销的战略设计，最后是八个战术步骤的经年累月的持续推进。

与大 IP 的合作，只是其中的一部分内容。当然也是最重要的、效果最显著的部分。但是，并不是每个 IP 或爆款节目的合作效果都很好，它取决于 IP 和节目与你的产品和品牌调性的协同性，以及你的合作成本。后来一些景区与 IP 和节目合作，动辄斥资千万甚至几千万，这个性价比就肯定不高了。

我们成功的地方在于，一是我们完美地抓住了中国电视和网络综艺真人秀节目的风口。综艺真人秀是体现文旅产品和消费场景的最佳形式，没有之一。无论是《爸爸去哪儿》《奇妙的朋友》，还是《跑男》《全员加速中》等，都是充分发挥了长隆的园区场地、设施、环境、演艺和动物的优势，并且通过明星体验的方式，完美地代言了园区和产品。在这个过程中，坦率地说，园区所获得的好处和回报比投资几千万甚至上亿的冠名商效果更佳。当然，长隆在IP和节目合作上之所以成绩斐然，还有一个原因是喝了头啖汤。在大部分景区还没有认识到IP和节目所带来的巨大价值时，就提前布局，提前收获了。它的投入产出与后来花几千万上亿的企业有云泥之别。

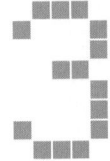

娱乐化营销，
从"借船出海"到"造船出海"

所谓借船出海就是借助业已成名的 IP 资源，放大企业的宣传推广。这一招相信很多企业都已学会，无非是花多少成本的问题。过去长隆在借船出海上可以说是创造了主题公园的最高境界，但借船出海也存在一定问题：

第一，不是所有的 IP 在调性上都与你的产品相吻合。

第二，不是所有的 IP 在推出的时间点上正好与你的营销节奏相吻合。

第三，不是所有的 IP 你都能出得起价钱。

在这种情况下，就逼出了我们的第二招：造船出海。

所谓造船出海，就是景区与 IP 和内容生产单位合作，推出与媒体共同打造的节目和 IP。这样做的好处是：

一、可以很好地根据景区的品牌调性、产品特点去设计制作节目，完美地体现景区的特色。

二、可以完全根据景区的推广节奏和时间点来打造内容。

三、可以很好地控制成本。

可以说，造船出海是与借船出海是完全不同的境界。

但绝大部分企业做不到这一点，原因是他们不熟悉媒体和制作公司的运作规律，也缺乏必要的人脉。

过去我们操作的造船出海的案例包括：与湖南卫视合作的《奇妙的朋友》真人秀节目，与广东卫视合作的、持续了很多年的《活力大冲关》真人秀节目，与广东珠江台合作的、持续了近十年的《长隆比基尼小姐大赛》等。这些合作，性价比很高，与产品和品牌可以做到无缝对接，而且园区的IP成果可以雨露均沾，最大限度地实现了品牌的传播。这样的合作，不仅让园区受益，同时也激发了电视台和节目制作机构的热情和创意，实现了双赢的目的。

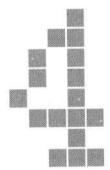

面对河南卫视们，政府和景区应该做对什么？

按照过去在甲方操作的心得，我把景区与内容制造方的合作分为三个不同的层次：一是借船出海；二是造船出海；三是全产业链共生共享。

可以说，在 2010 年至 2016 年间，我和我的团队很好地抓住了中国综艺节目尤其是户外真人秀的风口，一步踏入蓝海，取得了行业标杆性的成绩。但时过境迁，这种借势或造势营销的机遇已逐渐消失。一方面，随着各景区纷纷效仿，这两种合作的成本都越来越贵，动辄几百万上千万；另一方面，随着噪音时代和个性化消费时代的来临，也很难再找到过去那种现象级、一箭定江山的好内容、好 IP。这个时候，景区需要更高的站位和更专业的经验，通过与内容制造方合作，创造 3.0 时代的双赢，实现全产业链的共生共享。

一方面，景区缺 IP，缺可体验的内容和场景；另一方面，节目制造方需要获得景区在资金、场地、资源上的支撑。这种情况下，如果仅仅停留在 1.0、2.0 阶段，双方收益都在递减，很难皆大欢喜。

但是，景区的资金、场地、资源为内容生产方提供了平台和机会，而后者擅长的故事讲述、场景打造、产品创意以及节目生产和播出过程中自然而来的流量宣传和节目后的 IP 及设施，将直接赋能景区体验。很多景区都希望拥有像迪士尼那样的幻想工程团队，但换一个思路，借助内容生产方这样专业、强大且自带流量的团队，也是个不错的选择。

2022年端午前夕，河南省文化和旅游厅与河南省广播电视台签署战略合作协议。协议的主要精神是，河南文旅厅将加大与河南广播电视台的合作，借助其出色的内容制造能力，赋能河南文旅推广及IP打造。

在文旅的宣传推广上，河南近来是走在全国前列的。放眼全国，各省的文旅宣传推广大多处于1.0阶段。

我过去曾说过，每一个企业、每一个城市都应拥有自己的自媒体。**河南卫视实际上成了河南文旅的自媒体。**每一次的奇妙游节目，都在不断推升河南文旅和河南景区的品牌知名度和美誉度。不夸张地讲，这一年多来，河南卫视成为河南文旅最重要、最有力的推广工具。

这次河南省文化和旅游厅与河南省广播电视台的合作，主要体现在双方共同成立文旅创意工作室，打造精品内容，为河南文旅及属下景区赋能。从重视平台，到重视流量，到重视内容生产和创造能力。河南文旅走在了正确的路径上。

当下最重要的营销能力就是内容制造能力。

对于文旅行业来说，内容不仅指可传播内容，更包括游客可体验内容。这两种内容在某种情况下也可互相转换。但无论哪一种内容制造能力，专业机构、专业创意人员的能力都会凌驾于传统景区经营者之上。比如迪士尼的内容创造力，就主要来自其幻想工程部门。

未来，河南文旅厅和河南广播电视台所共同打造的文旅创意工作室会成为中国的"幻想工程"机构吗？我认为，进入内容时代的河南文旅正在创造这种可能。

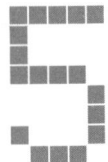

新闻至上，没有新闻就制造新闻

娱乐化营销八法第一法就是新闻至上。

我过去所在的企业肯定是国内新闻发布频率最高的企业，不带之一。我们基本保持在 10 天至半个月一次新闻发布的频率，通过长期、大量的新闻报道持续地占领媒体，让企业品牌得以低成本常年性曝光。尤为重要的是，媒体的报道具备权威性背书的功能，这是花多少钱做广告都买不来的效果。可惜认识到这一点的企业并不如想象的那么多。文旅企业是一个本身有很多新闻产出的地方，比如动物的出生、设备的引进、主题活动的打造、IP 和节目合作、新的园区和区域的建设等，这些都构成了媒体报道的丰富内容。但这些内容与每十天半月一次的新闻发布需求相比，还是显得不够。怎么办？我们有个准则：有新闻就发布新闻，没有新闻就制造新闻。

那么如何去发现和制造新闻呢？有六种方法值得参考：

一、**发现有趣线索**。2018 年，法国狂人国主题公园训练乌鸦当清洁工的事件，得到了纽约时报、太阳报、新华网、中新社等全球媒体的报道；2020 年，日本那须动物王国几只出生仅 47 天的沙漠猫幼崽，因长得太可爱而登上日本各大新闻报刊。由此可见，并非高大上的事件才是媒体的宠儿，有趣的小事件同样能够得到媒体，甚至是头部媒体的青睐。

有趣的线索既可以去发现，如那须动物王国的沙漠猫幼崽；也可以主动去创造，如狂人国的乌鸦清洁工。

好看的风景千篇一律，有趣的景区万里挑一。要想发生有趣的事件，首先景区得是一个有趣的景区，而有趣景区需要一群有趣的运营者。运营者有趣了起来，才能用有趣的眼光发现有趣的线索，用有趣的灵魂去创造有趣的事件。

二、关注反常事件。美国媒体人约翰·博加特有个非常有名的言论："狗咬人不是新闻，人咬狗才是新闻。"的确，狗咬人并不奇怪，人咬狗才奇怪，一言以蔽之，"奇"才是新闻。在这个世界上，具备新鲜性、猎奇性、异常性的事件，总能成为人人关注的新闻。熊猫产子并不奇怪，但是生下三胞胎就非常新鲜了，因此当大熊猫菊笑生下三胞胎时，全国媒体的目光都聚焦在长隆野生动物世界。

不过，反常事件之所以被称为反常，就是因为不能经常发生。怎么办？反常事件虽然不常发生，但是可以被"制造"。所有的反常都源自正常，因为只有正常的存在，才能凸显出反常。因此，我们可以从经常发生的事件里面去挖掘反常的可能性。例如，正常情况下，婚礼都是在陆地上举办的，如果我们将婚礼搬到主题公园的过山车上，搬到水上乐园的水底下，那这就是反常的婚礼，就容易被媒体关注。

三、善用照片说话。每次举办新闻活动，我们不仅要事先想好媒体报道的重点，还必须要让媒体拍到一张好照片。读图时代，图片传达的信息往往比文字更直观、更生动、更有感染力和传播力。我们常常以是否被刷屏去判断一次营销活动的成败，图片无疑是朋友圈刷屏最好的原材料。

举一个我们 2008 年所做的水上乐园开园的例子。当年正值北京奥运年，凡是与奥运相关的话题，都非常容易获得媒体的关注。我们结合水上乐园的特点和推广诉求，策划了万人比基尼活动，用近万名比基尼女孩组成了奥运五环标志。这一新闻图片上了国内所有平面和互联网媒体的头版和电视报道，甚至传播到海外，引起了非常好的反响，甚至使得这个活动后来成为每年一度的新闻狂欢。

需要注意的是，善用照片说话，不能寄希望于现场摄影师的临场发挥，需要提前策划，对即将出现在镜头中的画面心中有数，再引导摄影师拍出符合要求的新闻照片。

四、巧用特异人群。这里提到的特异人群，指的是有独特记忆点的人群。他们可以是文体娱乐明星、社会名流以及话题人物，也可以是具有特殊标签的人群，如三胞胎、百岁老人以及老红军等不多见的人群。前者自带流量，是媒体镜头追逐的焦点；后者经过与特定事件的结合，同样也能引起话题。

丹寨万达小镇策划的"轮值镇长"公益品牌项目，招募来自社会各行各业的国内外仁人志士，到丹寨万达小镇当 7 天"镇长"，为丹寨扶贫开展有特色的施政活动，得到媒体的广泛报道。这里的仁人志士，就是特异人群。这些特异人群通过与"镇长"这一特殊身份进行结合，话题性一下就起来了。

五、转换主体。除了动物类和演艺类项目，大部分主题公园的产品都是机械类设备，如果开发阶段没有通过大投入来占领同类产品的第一或做到唯一，很难挖掘话题。这个时候，我们就可以通过主体转换的方式，以人取代所要宣传的产品成为新闻的主角。相比起生硬地介绍产品，通过人来制造新闻事件，能够更加生动形象地展示产品特色，让消费者更有代入感。例如长隆欢乐世界围绕十环过山车举办的空中集体婚礼，通过几十对新人的现场体验，让十环过山车成为网红打卡地。

六、制造规模效应。 国庆阅兵时英姿飒爽的人民子弟兵组成的方阵，其矫健的身姿和整齐划一的步伐，给观众带来极强的视觉冲击力，让人强烈感受到国家的强大。这就是规模效应带来的效果。同样，主题公园也可以通过巧用规模效应来制造新闻事件。

在"关联特异人群"板块，我们提到三胞胎相比普通人更具有记忆点，如果某一天我们将数百对三胞胎组织到一起，可以想象那个场面，不论是视觉冲击力，还是话题性，都效果十足。

很多朋友私信问我，"为什么我们也经常搞新闻发布会，但发稿的效果不好？"这里分享几个心得。首先我们特别强调每一个新闻活动都必须产生一张好照片，因为照片的表达力和影响力是文字无法替代的。其次也是最重要的一点，就是必须按新闻规律办事，**企业在发布新闻时切忌只关心自己想表达什么，而忽视媒体和记者需要什么，只有新闻点充分吻合媒体和受众对于新闻的关注，这样的新闻发布才能取得好的成效。**

上面所举的2008年长隆水上乐园开园时举办的万人比基尼活动的例子，就是一个最佳的说明。

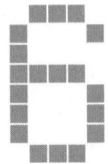

为你的品牌讲故事

说起讲故事,大家可能首先会想到海底捞。这的确是个会讲故事的企业。它的那个打包西瓜的故事,极其形象生动,让人难忘。尤其情节反转的设计,当为高人所为。

文旅行业会讲故事的企业也挺多。阿诗玛、刘三姐,这些都是历史悠久的成功故事营销的案例。好的故事四两拨千斤,而且经久流传,实在是一件值得花功夫做的事。

针对景区行业,讲故事可以分几个维度:一、产品的故事;二、企业经营和文化的故事;三、企业领导人的故事。

比如我们过去所讲的长隆野生动物世界白虎王朝的故事、"英雄母亲"的故事(六年十三胎,产仔五十只的白虎妈妈凯利被描写为"英雄母亲"并被广泛流传)、熊猫三胞胎的故事、考拉双胞胎的故事等,就是典型的针对产品的故事。"袋鼠妈妈"(一只袋鼠从小被妈妈遗弃,一位未婚女饲养员自己缝制了一个背袋,每天背着小袋鼠。这个故事被我们推荐给媒体,成为"袋鼠妈妈"的故事)就是典型的针对企业文化和价值观的故事。还有很多企业非常擅长打造企业创始人的故事。秦朔和吴晓波两位国家级财经名人对长隆创始人的报道就取得了非常好的效果。其他企业的这方面的例子也很多。

故事营销有几个要点：

第一，故事要有可信度。国内很多自然景区将故事讲得天花乱坠，殊不知这完全是在挑战消费者的智商。

第二，能引起消费者共鸣。要捕捉到消费者心灵最柔软的地方。

第三，有广泛传播性。要有新奇性、独特性，具备新闻和娱乐价值。

第四，能成为企业文化和价值观的一部分。企业必须由卖产品、卖品牌上升到卖价值观和人文精神，并将这些追求和努力内化成企业的使命和血液。

第五，对销售要有促进作用。

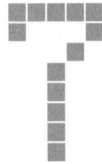

你知道还有一个音乐的长隆吗?

长隆有不同的侧面。大家看到的更多是动物的长隆、大马戏的长隆、万圣节的长隆等等。但还有一个大家不知道的,音乐的长隆。

很多的景区没有自己的专属原创音乐,或者有,也只是单个主题曲。而在长隆,原创的音乐作品完全可以出一个专辑了。

经常有朋友问我,在园区里面听到的某首歌很好听,有没有地方可以下载啊,后来我们做了一期公众号,把所有音乐汇成一集:《除了美丽长隆,还有一个音乐长隆》。

长隆的原创音乐始于 2006 年引进澳洲国宝考拉时,当时服务长隆的广告公司在拍摄广告片时,用了 MV 的形式,创作了一首《考拉之歌》,这首歌充满童稚,朗朗上口,至今还在园区播放。

后来,为了有一首企业的主题歌曲,《欢乐长隆》便诞生了。一开始大家都不觉得这首歌有多好,但这么多年下来,经历过无数次的洗脑后,无论内部员工还是外部游客,都非常认可了。

长隆推出吉祥物卡卡虎时,与中央电视台合作推出一个节目,节目的主题曲《卡卡之歌》欢快热烈,也成为长隆标志性的音乐。

亚运会时,长隆引进了六只大熊猫。我请好朋友、《风雨彩虹铿锵玫瑰》的作者方辉创作了一首《友好大熊猫》。后来,关于熊猫,又分别产生了《熊猫三宝》《么么哒》等音乐。

我们在拍摄亲子公益纪录片《爸爸，再不陪我就长大了》的时候，又请方辉创作了同名主题歌曲。这首歌由方辉当时读初中的女儿方格作词、演唱。"爸爸我快长大了，飞向天边尝尽酸甜苦辣，会和别人建立一个家，你会觉得不舍吗？再不陪我就长大了"，平淡叙事中，满是惆怅。

水上乐园拍摄广告片时，我的朋友肖炯创作的《FUN TONIGHT》不仅使广告片增色不少，更是让这首歌在内部引起了"纷争"。欢乐世界觉得这首歌节奏欢快、情绪饱满，直接把它征用于欢乐世界的大巡游了。所以，后来大家在欢乐世界的巡游时听到的背景音乐就是这首《FUN TONIGHT》。

长隆海洋王国开业时，制作了一条非常棒的体验式MV《奇妙的旅行》，"就要尝尽一切不可能，就要找回最初的天真，人生本是一次奇妙的旅行"，由我的朋友大师兄担纲。他和肖炯都是广告音乐的高手。这首歌极具感染力，配上生动、丰富的画面，让人产生强烈的消费冲动。我每次重看这首歌的MV，仍然有浑身起鸡皮的感觉。

后来"三月三"主打广西市场时，我们又请大师兄创作了一首专门针对广西市场的、广西山歌风格的音乐《山歌唱在三月三》。

长隆动物王国二十周年的时候，我们拍摄了中国动物园行业第一部系列纪录片《我的朋友不是人》。在选择主题曲创作和演唱人选时，我邀请了程璧。因为她的人文气质与我们想要的调性非常吻合。程璧交出的作品非常完美。《万物有灵》非常好地表达了对于人与动物之间的关系的思考。

……………

长隆还与外部资源有很多合作，如《奇妙的朋友》和《爸爸去哪儿》。这些节目，有的拍摄于长隆，有的就是与长隆合作的作品，有着非常强烈的长隆符号。我们通过与湖南卫视的合作，获得了他们的授权，这些音乐也成为音乐长隆的组成部分。这两首歌的价值不可限量。"你有没有能听到我，两只脚丫的朋友。你每天准时都找我玩耍，是不是也怕孤独"，"谢谢你光顾我的小怪物，你是我写过最美的情书。老爸老爸我们去哪里呀，有我在就天不怕地不怕；宝贝宝贝，我是你的大树，一生陪你看日出"。它们生动地表达了长隆的价值观和品牌调性，可谓天作之合。

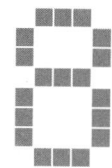

没有主题就没有吸引力

一个景区，主题是灵魂。而最好的"主题化"，是产品本身在打造之时就已确定令人激动的主题。

但是，如果在产品阶段没能做到这一点，那么运营阶段应该怎么办呢？

我们过去在长隆时，分别与王者荣耀、变形金刚、功夫熊猫、捉妖记等大 IP 合作打造这些强 IP 主题的节点活动。这些主题活动大大增强了游客在五一、十一、春节、暑假这些节点选择长隆的理由，而且还在这些常规的大节点之外，通过自制 IP，创造了新的节点需求，比如万圣节。引进 IP 打造强有力的主题消费，需要注意几个方面的问题：

一、引进的 IP 必须有强大的影响力。这点不用解释。

二、需要 IP 方充分授权。这个需要强调一下，过去我们做过很多 IP 合作，有非常成功的，也有不太成功的。不成功的最重要原因就是授权不充分。所以，充分授权对于 IP 合作的成功具有决定性的影响。2018 年暑假长隆欢乐世界和长隆海洋王国与"王者荣耀"的合作之所以非常成功，就是因为授权非常充分，园区可以充分发挥 IP 的价值。为了鼓励长隆在园区充分展示 IP 的价值，腾讯在这次合作中甚至主动放弃了收取授权费用。

三、要设计好覆盖消费者各个体验环节的全园沉浸式体验，如场景布置、巡游、园区音乐、影院内容、设备及项目的主题包装、VR体验等等，让消费者在每个角落、每个场景都可以沉浸式地与自己喜爱的IP互动。

四、与IP方在流量、场景、推广上充分互动。这一点也很重要，因为合作的目的不仅仅是借用IP，更要借助IP本身的流量、消费场景和推广声势。比如在游戏合作时，除了游戏IP的园区落地外，如果园区元素可以植入游戏，游戏的宣推可以带上园区，那效果会更佳。

五、要激发消费者主动参与。要设计活动及场景，让消费者心甘情愿地为IP打CALL。

总之，好的主题，可以让景区插上翅膀。没有主题，则会暗淡无光。

那么，主题的源泉来自何方？

一个项目，无论是公园还是酒店，甚至是餐厅，一旦拥有一个深入人心的主题，就会身价倍增，木秀于林。全球范围内，只要是成功的主题公园、酒店、餐厅等，都是个性鲜明、各有千秋的。

要打造主题文旅项目，可以从以下几个维度来寻找灵感：

地点：国家、城市，甚至星球。

时间：过去、现在、未来。

节点：节日及重大事件纪念日。

体育：一般意义上的体育和个人运动。

音乐：摇滚音乐及音乐流派。

电影：著名电影或场景。

时尚：服装和模特。

商品：比如法拉利汽车和哈雷摩托车。

建筑：标志性建筑。

自然世界：生态自然环境。

文学：如哈利·波特等著名文学形象以及童话故事。

道德和哲学：比如自然保护的概念。

公司及其标识。

……

比如我们所熟知的法拉利主题公园、阿凡达主题公园、HARD ROCK主题酒店、雨林餐厅、NIKE主题公园等，都是很有特色的主题文旅项目。

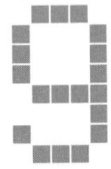

我是怎样把自己的生日派对做成刷屏事件的？

大家都知道日本熊本县的"熊本惊喜"推广活动，它最成功的地方在于充分调动了当地市民的积极性，形成了情感共鸣。这其实是所有成功策划的关键逻辑。

给大家分享一个我自己操办的例子：一个个人的生日派对如何成为一群人的集体狂欢，一次城中盛事和刷屏事件？

2014年，49岁的我想为自己的人生上半场划上一个有意义的句号。我想到了用演唱会的方式来实现我的想法。因为个人兴趣和工作经历的原因，我与广州地区乃至国内许多媒体界、营销界、文化界、艺术界、企业界、教育界的朋友保持着良好的关系。我在策划"放肆青春——熊出没和他的朋友们"这个活动的过程中，邀请了一些来自各界的朋友共同参与。我当时提出了一个原则：众筹创意、众筹情怀、众筹资源。

所以，无论是活动场地、案名、演出资源、服装、平面设计、影视制作，全部来自朋友的众筹。

活动当天有300多位朋友到场，30多位朋友参加演出，其中不乏像方锦龙这样的大师，演出持续四小时之久。

由于事前一系列文章和海报的预热，及种子成员的热心参与，活动当天引发了集体刷屏，成为当年广州最重要的刷屏事件之一。

事后，参加活动的很多朋友贡献了一大批文章、朋友圈分享和一部纪录片，使得这个活动在更大范围内得到传播，也使得本来只想办一年的活动变得欲罢不能，至今已延续六年。

总结起来，"放肆青春——熊出没和他的朋友们"之所以引起广泛关注，是因为：

一、活动的主题引发了普遍的共鸣。对于青春的追忆和缅怀，是人类一个永远的情结，这个情结激发了大家的参与热情。

二、情怀共鸣基础上的众筹。一件事，只有变成大家的事，才有可能四两拨千斤，事半功倍。在这件事上，我充分认识到了众筹和共同参与的力量。

三、用专业的方式实现业余爱好。虽然参加演出的人员大多并非专业人士，但我们的灯光、音响、舞美设计、物料包装等，甚至无人机表演，都让每次活动呈现出专业的效果。

通过这件事，我也发现了一个规律：一个活动或事件，只要有三百位左右的人发自内心地认同并通过社交媒体分享，这个活动或事件就可能成为一个城市爆款级的传播事件。

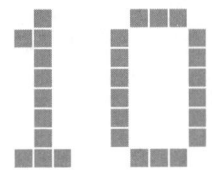

如何提炼令人共鸣的情怀主题？

上一讲我们讲到"放肆青春"活动的起源。后来我们把这个活动又连续举办了五年。为什么每年我们都可以吸引那些百忙之中的朋友为了一个聚会从全国各地啸聚广州，而且是不计任何回报、自带干粮地参与这样一个活动呢？

这不能不说与每年我们的主题策划相关。从第三届起，我们每年都在精心构思活动的主题，力求能够捕捉到朋友们内心柔软的地方，激发大家参与的热情。

比如第三届的主题是"乡村路带我回家"，讲的是乡愁。当年有200多位朋友从广州、上海、北京、深圳等地不远千里跟我一起去到湖北京山一个小山村。这不仅是因为朋友们对我的情谊，更重要的是我的酒杯，浇了大家的块垒。因为每个人心目中都有一个故乡，有的是回不去的物理空间，有的是回不去的精神家园。

第四届的主题是"钢铁是怎样炼成的"，讲的是大家与广州相互成就的故事。通过这场音乐会，我与朋友们一起回顾了我们在广州成长的心路历程。由于在场的朋友很多都是广州各行各业的精英，他们二十多年的奋斗史，实际上也是广州成长史的一部分。

第五届的主题是"我的故乡在八十年代"，讲的是我们这一代人乃至新中国成立以来最美好的那段时光。我的朋友们甚至第一次突破了纯演唱的形式,复刻了八十年代的集体舞表演场景。那场活动,来了五百多人。活动参与者、著名歌手沈庆说,整场四个小时的活动,他连上厕所的时间都不舍得,完全沉浸于美好的缅怀之中。

每次活动地点的选择也很用心:"乡村路带我回家"选择的是我的老家业已坍塌的百年祖屋门前;"钢铁是怎样炼成的"选择的是广州钢铁厂旧址的废弃火车头前,它与我们想要表达的主题高度同频;"我的故乡在八十年代"选择了华南具有代表性的高校、也是我的母校暨南大学。

2019年,因为伍德斯托克音乐节五十周年的缘故,我们去了美国纽约,在音乐节现场附近举办了我们自己的音乐会。

这个活动让朋友们成为莫逆之交,更让朋友们感慨人生不虚此行。伍德斯托克音乐节不仅是当年全世界最大规模的音乐节,而且是极具影响力的社会事件。它根本性地改变了人们的观念。这一点,在一本叫《制造伍德斯托克》的书里有很好的表达。

这些主题的确定,都集中了朋友们的创意和智慧。每年年中开始,我们就会召开多次头脑风暴会议,碰撞火花,最后形成定案。由于主题本身就是众筹而来,所以它天生就具备感染力、可执行性和广泛的参与性。这也是提炼成功主题的非常重要的方法。

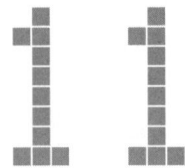

如何让文旅消费者为怀旧买单？

怀旧正在变成一种消费口味。

我们从超级文和友、和平菓局、知音号、建业电影小镇等项目的受关注程度可以看到端倪。在国外，这样的项目也屡见不鲜。比如英国的黑乡小镇、法国的狂人国演出、比利时的滑铁卢小镇等。

值得一提的是，怀旧并不是中老年人的专利。年轻一代正在成为怀旧消费的最大推动者。

对于中老年群体，怀旧是一种对过去美好时光的本能回望。而对于年轻人而言，旧事物所带来的新奇感，厚重传统和历史所带来的价值感，现实和过去、不同角色与身份之间的穿越感等，都是他们怀旧消费的驱动力。

文旅行业有很多修新如旧的"怀旧"项目，上面举的一些例子大多属于这种类型，但更需要是修旧如旧，寻找和挖掘具有天然怀旧气质的产品。

我曾经接触过南湖游乐园的改造讨论。我当时力主将南湖游乐园打造成为一个复古的游乐园。因为它承载着广州和周边人群的记忆，更承载着广州改革开放之初领先全国的荣誉。它既有民间共情，又有城市建设的高度，同时，它目前残破的状况，提供了一个极佳的废墟风格的美学价值载体。这个是很多修新如旧的项目求之不得的资源。这是一个极有可能取得成功的项目。在这个场景下，怀旧文化体验可以得到最大限度的发挥，营销活动也会事半功倍。

每个城市都有破败的游乐项目。它们虽然没落，但代表的是曾经的辉煌，承载的是一个城市的集体记忆。如果在这些项目的基础上制造怀旧消费，其价值和意义要比做一个仿建的旧建筑、旧氛围要好得多。

在"代号711"项目的策划中，我们也非常重视对于老建筑、老场景、老人、老物件、老故事的挖掘和保护。因为这些都是对这个项目来说弥足珍贵的东西。我们会复原原来的老冰室、游泳池、灯光球场等功能，再现专家楼、俱乐部的过去；通过"无界美术馆"的方式，征集和收藏承载矿工及其后代记忆的物件；恢复过去大家熟悉的小食，甚至挖掘当地织毛衣的传统技术，让它成为当地文创的一个支点。

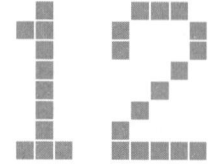

超级文和友是披着餐厅外衣的文旅项目

我第一次去超级文和友是被湖南广电的朋友带去的。本来已吃过晚饭,但朋友们说长沙有一个很值得推荐的地方,大家一定要去宵夜体验一下。

第一次的体验,超级文和友给我留下了深刻印象。除了它的怀旧氛围外,我感觉它的成功与湖南这个娱乐之都的强大资源有着紧密的联系。这是它成功的一个重要因素。

后来超级文和友来了广州和深圳。广州的超级文和友我是一年多之后才去。那时,热度已退烧,而深圳的文和友同样水土不服。

对于超级文和友的水土不服,我是有预感的。因为超级文和友之所以在长沙大热,我刚才说到的原因很关键。在长沙这样的娱乐之都、饮食之都、网红之都,它与城市的气质和文化是吻合的。

与一般人所了解的不太一样的是,超级文和友之所以能在长沙取得成功,绝不仅仅是因为它的怀旧包装、美食,甚至当地娱乐资源的支持,还因为它本身就是一个很有创意、很有文化感的企业。我总结,超级文和友其实是一个披着餐厅外衣的文旅项目。它的核心卖点是它的主题性包装和情感输出。它充分利用了人们的怀旧、猎奇心理及对生活美学的追求,包装出了一个主题化的消费场景。消费者消费的不是小龙虾、炒田螺,而是历史感、新奇感和潮流感。

超级文和友不仅是一个文旅项目，它也是一个策展公司，一个媒体，一个内容生产商。它通过强大的内容生产能力、创意能力输出品牌，让超级文和友成为跨界爆款。

通过超级文和友，我们再次确认关键的认知：未来我们提供给消费者的是或酷炫或潮流或新奇或高雅的生活场景和生活方式。龙虾也好、炒田螺也好，只是这个生活场景的道具而已。

超级文和友之所以在广州和深圳遭遇挫折，主要是因为广深地区的消费者对于餐饮的消费有着更挑剔的胃口。他们不会仅仅为了氛围和场景买单。这也提醒我们，再酷炫的场景和氛围，如果没有扎实的产品作基础，还是不能长久的。另外的例子就是曾经红火一时的"雕爷牛腩"。我曾经慕名去体验过，不得不说，出品实在是很普通，与其高昂的价格完全不匹配。当然，超级文和友长沙总店的出品还是不错的。

最近去长沙，又参观了另外一家特色餐饮场所"湘江里"。它把餐饮文旅化，亭台楼阁等建筑物古色古香，各种表演贯穿其间，出品也不错，营造了一个"类主题园区"的氛围体验。这种尝试，看起来挺有意思。

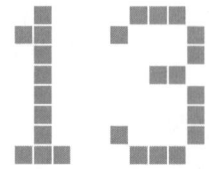

大象为什么能成为最好的"中国故事"?

云南大象迁徙。有点传播经验的人都能意识到,这对于中国来说,是一个千载难逢的传播机会。

事实果然如此。

为什么会这样?

拿企业传播来类比,有两种方式。一种是过去那种简单粗暴、自说自话,由广告主对受众的单向度的硬性传播;第二种是基于人类的共情、价值观和文化认同而产生的互动式传播。

对于景区来说,打硬广强调自己的产品无可厚非,但效果尤其性价比就难有保证了。但通过故事的讲述,尤其是人性化的故事表达,效果可能就会好很多。

比如,长隆曾经与二更合作,"凭人叙事,以情动人",讲述了一系列长隆人的故事,包括饲养员、兽医、马戏演员、特技演员、工程师、负责安全检查的园区管理者,描绘出一个温暖的、人情化的景区,让消费者产生了很好的共鸣。这个系列纪录片获得了非常好的传播效果,20条视频,总观看量达到20亿,平均每条超过一千万。通过这个纪录片,既向大众传递了企业文化,展示了园区的产品和品牌,也让员工产生了强烈的自豪感。后来,我们的同事按照这个形式在周年庆的时候,制作了系列的员工人物采访,同样非常出彩和感人。我们还策划了中国首部动物园纪录片《我的朋友不是人》，通过讲述饲养员与动物的温情故事，很好地表达了长隆动物保育的成就以及强烈的社会责任感。《我在故宫修文物》《上新了故宫》等对故宫的品牌传播起到了良好作用的综艺节目，其逻辑如出一辙。

传播不是越直接、越强势、越高大上越好，相反，传播要善于抓住人心中最柔软的地方，以弱取胜。

事实正是如此：云南省对大象一路的关照，媒体对这一事件的开放式传播，无不充分地向外界展现着一个开放中国、文明中国的风采。这比在纽约时代广场打多少广告、媒体上做多少宣传式说教，都要好得多。

说到传播，给大家推荐一本我非常欣赏的书：厦门大学传播学教授邹振东撰写的《弱传播》。书里提出的一些观点很有新意，如**舆论世界的四大规律概括起来就是：弱者优势，情感强势，轻者为重，次者为主**。也就是说，现实中的强势群体就是舆论中的弱势群体；舆论是不讲道理的；轻的东西最好传播；舆竞天择，弱者生存。这是我所看到的中文世界对于传播最有实战意义的表达文本。

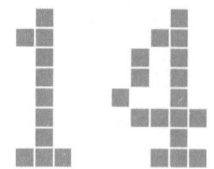

一句话说清楚消费者必选你的理由

我们现在所处的是一个消费过剩的时代。随着文旅大时代的来临，村村点火，户户冒烟，文旅产品的供给处于一个同质化、过度竞争的状况。除非你的产品与众不同且天赋异禀，否则你就必须为消费者提供一个在芸芸众生中选择你的理由。这就涉及市场定位、产品定位和品牌定位问题。

企业在开始投资前必须思考清楚前面两个定位，以形成差异化的竞争优势。如果产品木已成舟，那就必须考虑通过品牌定位在消费者心目中形成差异化的心智占位。要用一句话来告诉消费者，为什么要选择你？你的独特性在哪里？差异性在哪里？属于你的第一在哪里？

就像世界给了每个人公平的机遇一样，每个企业一定会有它相对于某些人群而言的独到的价值，尤其是在一个分众化和长尾效应的时代。找到你的独特点，并大张旗鼓持之以恒地宣讲，你就会找到属于你的消费者。

关于这些，我的一些朋友继承和发明了一堆这样的理论和术语，什么定位、占位、抢位、插位等，其实，万变不离其宗，就是要找到与众不同的地方，一句话让消费者能认出你。

做到这一点很难。因为每一个企业经营者都敝帚自珍。什么都想表达，恨不得把所有的卖点都灌输给消费者，把所有的人群都占领。

这个就是为什么企业需要外部顾问的原因。因为视角不同、屁股所坐的位置不同，所产生的结果就不一样。同时，由于情感的因素影响，内部的决策往往不够果断，奢求面面俱到。而没有情感羁绊，同时又视野开阔的外部顾问相较而言会更加杀伐决断，一击制胜。

在一个个性化消费的时代，在一个长尾效应的时代，一个企业，一个项目，只需牢牢地占据某一个客群，就可以很好地生存。我们的大多数企业不是因为客群单一而出现问题，而往往是因为个性不鲜明、产品没有特点而半死不活。比如 VIVO、OPPO 手机，卖点就非常突出。一个主打拍照，一个主打音乐。中国马镇凭着马文化的优势和马文化第一主题公园的定位，迅速崛起；正佳星球凭着城市微度假的定位，迅速在文旅市场建立了自己的差异化竞争优势。

努力找到自己的差异化竞争优势，坚定不移地推广，水滴石穿，就能达到你的目标。

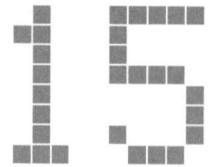

定位是必须的，但只有定位是不够的

如果让我只推荐一本商业书籍的话，我肯定会推荐《定位》。

我是定位理论的忠实拥趸。从 2000 年左右开始，我就一直在工作和生活中践行定位理论的原则，并且与国内定位理论的传承者、信奉者们保持着密切的联系。

从文旅经营的角度，企业必须首先解决产品定位、市场定位和品牌定位问题。也就是你的产品的独特性在哪里？你的市场边界在哪里？你在消费者心目中的形象是什么？

但是，仅仅只有定位是远远不够的。它可以确保企业不在大方向上犯原则性错误，但它解决不了文旅行业的品牌和营销问题。品牌塑造和市场推广需要更多的营销创意、内容生产、场景设计等。

对于景区行业来说尤其如是。与其他行业相比，景区行业稍显弱势。比如营销费用相对不足，消费者购买频次有限，消费者有一定的区域性限制等。但景区行业在场景和内容上的优势，又是其他行业和品牌远远不能比拟的。

举一个生动的例子。当年我们与《功夫熊猫 3》合作，成功地将长隆野生动物世界的熊猫三胞胎植入电影中，不仅在里面出现了萌萌、酷酷、帅帅的形象和名字，而且还专门为它们设计了一段故事，让阿宝教它们打功夫。而另一个赞助费用远高于长隆的牛奶品牌，只在电影中出现了一个倒牛奶的镜头,既没有品牌名称,更没有故事情节。

在与综艺节目合作时同样如此。那些花费数千万的赞助商,得到的只是品牌名称曝光,而作为景区,获得的却是明星体验式"代言",这个效果无疑是天差地别的。

这就是为什么我们一直强调,作为景区,没有必要像其他行业那样通过大量地砸硬广告来实现品牌传播,而是应该通过娱乐化营销八法,长期、持续、高创意、低成本地打造品牌。

经常有企业在开业一两个月前问,你们是否有一招制胜的绝招,可以让我们品牌一炮而红。坦率地说,天下没有这样的奇招。但是,一炮而红又不是绝不可为的事。如果把推广时间拉长,有半年甚至一年的预热,充分发挥营销创意、内容生产、场景设计等优势,那景区品牌的建立和生意的火爆是完全可以期待的。

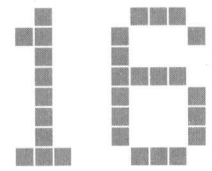

从玲娜贝儿爆火你可以学到什么？

有一段时间大家都在热议玲娜贝儿现象。近年来迪士尼有两款很火的衍生品，分别是星黛露和玲娜贝儿。这两款衍生品与迪士尼过去的 IP 和衍生品都很不一样，一是它们火爆的速度都非常快，二是火爆的程度都非常高。

粉色小狐狸玲娜贝儿被民间戏称为"川沙妲己"，这位顶流明星，迪士尼只用了一个月的时间打造。有游客为了玲娜贝儿首发周边，不惜排队 7 小时，更有游客不远千里前来就为带玲娜贝儿回家。

上一个有这种待遇的是星黛露。根据上海迪士尼乐园成立五周年披露的相关数据，上海迪士尼乐园人气增长最快的是 2018 年登陆的星黛露，自 2018 年至今销售出的星黛露主题商品叠加，其总高度相当于 119 座珠穆朗玛峰。由于人气太高，上海迪士尼乐园的粉丝常将星黛露称为"川沙顶流女明星"。

玲娜贝儿的火爆更多是迪士尼营销的成功。首发后，众多女明星与迪士尼赠送的玲娜贝儿合影引发关注，"川沙妲己"相关热搜频繁登顶，抖音、小红书、B 站等平台涌现众多内容，带动 IP 关注度迅速提高。

关注度提高下带来的是粉丝同人创作内容的增加。粉丝的同人创作为玲娜贝儿不断丰满人设，提供内容支撑。新入坑的粉丝可以不断接触大量的内容，又开始向其他人安利。就这样，源源不断的人群了解玲娜贝儿，为她贡献热度。

星黛露和玲娜贝儿所属的达菲家族 IP，与迪士尼以往的 IP 截然不同，达菲家族并没有强大内容支撑，而是只有简单的人设。例如，星黛露的人设是"兔子舞蹈家"，玲娜贝儿的人设是"小狐狸侦探"。

过去，我们常常认为要想造就一个好的 IP，一个成功的吉祥物与衍生品，必须要先有充足的内容支撑，例如文学作品、电影、动漫、游戏等。但是爆火的玲娜贝儿和星黛露并不是如此。

泡泡玛特的创始人王宁在访谈中曾这样阐述：大部分盲盒只是设计师创作的形象，并没有故事背景，反而得以承载玩家的情绪投射和想象空间。它把自己掏空，就可以把你的灵魂装进去。玲娜贝儿成功的逻辑同样于此。

从这两个产品的火爆我们可以得到非常有价值的启发。尽管过去衍生产品的销售是迪士尼主要的收入来源，但几十年来，这种模式已堪称故步自封了。由影视 IP 到线下 IP，由 IP 到衍生品，全世界都坚持着这样一成不变的路径。迪士尼环球影城以外的其他景区更是如此。每个景区都效仿迪士尼和环球，弄出些基本上没有太高颜值和尖叫度的所谓 IP 形象，然后工业化复制一堆所谓的衍生产品。不仅面目可憎，而且产品的品类高度相似。这也是绝大部分景区的二次销售无法突破的主要原因。

而所谓潮流玩具的兴旺，很大程度上冲击了这个传统的模式。一些完全没有影视和文学作品加持的玩具，由于设计上的突破和迎合年轻人的审美而迅速走红。为什么主题公园和景区一定要抱着过去的教条跳"慢三步"呢？

迪士尼的这个尝试是革命性的。它可能根本性地改变全世界主题公园衍生品的生产方式，越来越多的潮流玩具和设计品牌将进入主题公园和景区。

前不久华侨城总经理刘凤喜说，欢乐谷应该成为收门票的购物中心。我十分认同这样的思路。大家肉眼可见的是，**商业和文旅行业的界限在迅速模糊。商业越来越成为休闲度假的场所，而景区在未来也将越来越成为主题性的商业中心**。其实，迪士尼的核心经验之一就是"混合经营"，只是在当下这个情境下，这个"混合"应该来得更猛烈一些。

华侨城欢乐海岸、北京环球影城的CITY WALK，都是主题公园色彩十分浓烈的商业综合体，而未来，完全可以想象，收费的主题公园和景区也会呈现更丰富的消费业态。这一切取决于经营者的想象力，取决于经营者与外部资源的对接能力和对消费者尤其是年轻消费者的洞察力。如果有一天泡泡玛特、TOPTOY、星际熊、茶颜悦色、蜜雪冰城、元气森林等开进了人流量超高的收费景区，你一点都不用感到惊讶。因为时代变了。逛逛逛和买买买已经合体。未来就是一个数据经营的时代，对消费者的经营将成为各主题公园和景区最重要的工作。

第一部分 娱乐化营销

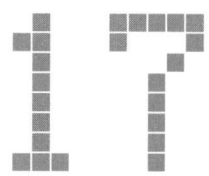

为什么每个景区都需要自己的玲娜贝儿?

执惠文旅曾刊出一篇文章,它在总结环球影城业绩不如迪士尼时用了一个比喻,说环球影城缺了一个玲娜贝儿。

我觉得这个说法挺形象生动,所以把它借来表达我的观点。

景区与房地产最大的不同是,它的建成完毕只是新一轮的起点。我们这个行业有个说法,叫老板折腾员工死,老板不折腾老板死。意思是说,做文旅行业、景区,就得不断折腾。大的折腾是不断增加投入,引进新项目、新设备或打造新的区域;中等的折腾是在节点引进各种资源,营造关键性节点消费者前来消费的理由;小的折腾包括三天两头的公关活动、新闻炒作、事件营销、跨界合作等。

如果一个景区建成之后,没有意识、没有能力或没有资金来折腾上面这些事,那这个景区大抵就不会有活力,半死不活是必然的。

即便是像迪士尼、环球影城这样的全球IP,如果故步自封、按部就班,也可能增长乏力。上海迪士尼业绩不错,除了它的投入、强大的IP和品牌力外,与它借鉴全球市场成功经验和结合中国国情所做的一系列努力是分不开的。像星黛露、玲娜贝儿这样的小折腾在上海迪士尼的品牌和营销中所发挥的作用,不在那些著名的IP和耗资不菲的设备之下。可谓小兵立大功。其实,环球影城也有自己的"玲娜贝儿"——它的威震天一度也出尽风头,成为热议话题和关键吸引元素。

对于景区来说，除了原有的设备、设施、动物、表演等要素外，还需要持续地创造各种与消费者尤其是年轻消费者链接共情的元素，不断地制造社会话题和牢牢地抓住舆论风口。每个景区都需要自己的"玲娜贝儿"。这个"玲娜贝儿"包括但不限于大热商品、有影响力的原创主题活动、外部IP、明星资源，甚至极具传播力的内容生产等。比如我们作为甲方时曾经引进的"王者荣耀"、草莓音乐节、中国好声音、风暴电音节等。表面上看，这些似乎与长隆园区的产品推广无关，实际上，正是这些没有直接关联的内容，为园区赋予了魅力和光环，让年轻人对它们产生关注甚至追捧。

只有河南·戏剧幻城也是一个非常重视利用内外部资源赋能的景区。除了与中国李宁的合作外，与河南博物院合作的"麦田里的博物馆"也很有话题性。他们把坚定地寻求与中国最顶尖的品牌和外部资源合作作为一个经营战略，所以戏剧幻城的屡屡出圈也就是顺理成章的事了。

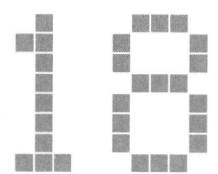

你卖的不是产品而是场景

很多文旅企业还是停留在卖产品的阶段,比如游乐园卖过山车,动物园卖熊猫、大象,水上乐园卖水质和水上游乐体验等。

这一点我在甲方时早就开始有意识地超越。

14 年间,我们在甲方所做的一切只在打造生活场景。比如在水上乐园,通过水上电音节、万人比基尼派对、比基尼小姐大赛,以及各种综艺影视 IP 的介入,使其成为酷炫、时尚、高逼格的生活消费空间。比如在游乐园,通过草莓音乐节、跨年晚会、万圣节,以及各种综艺节目的植入,让它成为年轻人的潮流集散地。同样,在动物园,则通过《爸爸去哪儿》《奇妙的朋友》等户外综艺真人秀节目,以及熊猫三胞胎生日派对、考拉双胞胎生日派对等,营造亲子和亲近动物的消费氛围和品牌调性。这样的玩法,才能使它们超越竞争对手,成为对消费者具有极致吸引力的消费品。

每一个文旅产品都必须在营造消费场景上面下功夫,要让你的产品成为拥有某个背景的线下体验场景和空间。比如海洋馆应该是一个拥有海洋主题背景的生活体验场景,动物园应该是一个拥有动物主题背景的生活体验场景,等等。正佳极地海洋世界的"海洋馆+"行动,就是希望通过跨界的方式打造城市中心的海洋主题的泛文旅生活空间。

再举一个例子。日本大阪的环球影城，早先由于固守原有的业态和资源，生意上始终没有太大起色。但后来环球影城打破禁忌和自我封闭，广泛与各种社会资源链接，引入许多日本年轻人和家庭追捧的IP和活动，后来成为重游率很高的园区。

这个思路，国内有些景区在有意识地践行，但仍有大部分景区并没能意识到这里面的价值所在。他们往往觉得，花了那么多钱，购买了那么多设备、动物或演艺资源，消费者当然是为了这些东西买单啊。其实不然。在景区开张前期，这些硬件和产品可能对消费者有较大的吸引力，但消费者是喜新厌旧的，随着时间的推移，这些设备、设施不再对消费者具有充分的吸引力，他们渴望得到的是与时俱进的、与时代及社会潮流合拍的消费体验。但消费体验是层出不穷不断翻新的，以景区的重投资模式，不可能跟得上其变化，唯一的办法就是转换思路，将自己由产品打造者变为场景打造者、平台搭建者，引入各种外部元素，不断丰富消费者的体验。这个时候，你所投资的场地和硬件，就更多地成为一种稀缺的背景，而不是核心吸引物。

第一部分 娱乐化营销

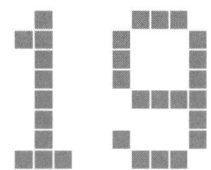

为品牌注入情感，让消费者为你感动

一个品牌要打动消费者，靠的绝对不仅仅是让人尖叫的产品，我们经常说，三流的企业卖产品，二流的企业卖品牌，一流的企业卖文化和价值观。

我们在营销过程中必须学会与消费者共情，用情感和价值观打动和俘获消费者。比如哈雷摩托车，卖的肯定不是摩托车，而是自由奔放的生活态度；迪士尼卖的不是过山车，而是美梦成真。所以我们在完成对产品的包装和推广后，要迅速将工作重点转移到如何与消费者的痛点同频共振上。比如，做一个亲子品牌，你就要想着如何戳中和抚慰那些对亲子关系敏感的人群，使之对你的品牌产生产品共鸣和认同，一旦这个关系形成，那么生意就是自然而然的事情，因为你解决了消费者的根本性问题。

我们曾经做过几个非常成功的情感营销的案例。一是基于亲子关系情感共情的纪录片《爸爸，再不陪我就长大了》。这个片子通过一组孩子的采访，极富冲击力地表达了孩子们对父爱和陪伴的强烈渴望。每次看这个片子，我都热泪盈眶。每次在公共场合分享，都可以看到父亲们泪光闪烁。这个片子通过强烈的情绪冲击，让长隆与亲子情感产生关联。它刺痛了父母的痛点，激发了他们的爱心。这个系列纪录片后来获得了中国公益节的奖项。两年后我们又制作了续集，回访了当年接受采访的孩子们。大部分孩子因为成长的原因，已经不再迫切需要父母的陪伴，父母因而也失去了陪伴孩子的最佳时期。这个结论更加让父母们扼腕兴叹。

长隆另外一个注入的情感是关爱动物。它通过对人与动物、人与自然的关系的表达，体现长隆在动物保护方面的社会贡献。除了众所周知的《奇妙的朋友》外，我还主导制作了中国首部动物园纪录片《我的朋友不是人》。它讲述的是动物饲养员与动物之间的故事。通过群像式的报道，展示长隆人的情怀和爱。这个片子的主题曲是我专门找歌手程壁创作的。程壁不辱使命，很好地完成了任务。除了音乐旋律外，歌词尤其动人心弦："和我们一样的，语言却不一样。一样的短暂，一样的绚烂，一样的偶然，偶然却珍贵；和我们一样的，有时会寂寞。和我们一样的，呼吸着眷顾着，眷恋着自然，眷顾着土地，眷顾着生命，永恒的变幻。"这首歌的名字叫《万物有灵》。

过去你去动物园，可能是出于对一些生物的好奇，但是，当你看过这个系列的纪录片和听完这首歌后再次去动物园时，可能就会凝视这些"不是人的朋友"的眼睛，想象着它们的喜怒哀乐，它们的行为的意义。

这可能是为品牌注入情感后最大的价值所在。

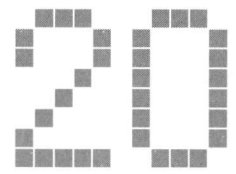

共情,文旅项目成功的关键因素!

在做一些文旅项目推广的时候,我们特别强调的一点是,项目与城市的共情点是什么?

有的朋友可能会感到惊讶,我的项目为什么要与城市发生共情?项目能为消费者提供利益点不就可以了吗?

一个好的项目固然要能为消费者提供价值,但仅仅是这个境界是不够的。一个项目要迅速成为当地人追捧的对象,必须找到与这个城市的管理者和生活者的共情点。

项目经营者必须问自己几个问题:我的项目与这个城市和市民有什么关系?人家为什么要关注我的项目?我能为他们带来什么?

以只有河南·戏剧幻城为例,这个项目除了给消费者带来沉浸式的、一站式的戏剧体验外,它的溢出价值是什么?它对于城市和政府来说意味着什么?即便不身临其境参与消费,是否存在关注、传播和未来消费的动机?

只有河南·戏剧幻城最终选择了基于河南历史文化彰显、河南人精神弘扬的痛点,来展开与河南和河南人的共情。

它通过一系列的活动策划、内容制造,不断触及河南人内心最柔软的部分,让河南人为这个项目感到自豪和骄傲,使这个项目成为河南文旅甚至河南精神和文化的代言。

从秦朔的《我不是一个河南人》，到王志纲的《河南是碗胡辣汤》、胡宝森的《河南老胡和只有河南》，至现象级传播的MORI的《河南，承受了中华一半的苦难》，无不在宣扬河南曾经的辉煌、荣耀，河南人坚忍不拔和舍小我取大义的精神。它让河南的骄傲有了一个集中的爆发，它让河南人长期以来骨鲠在喉的憋屈一扫而光。

所以，早在两年前我们就预言，这个项目的火爆以及成为河南文化精神代言的江湖地位指日可待。事实证明，只有河南·戏剧幻城已成为河南文旅的一号工程，成为河南文化旅游的名片和标杆。

最近我们在策划湖南郴州的一个红色文旅项目：代号711。711矿曾经是中国核工业的功勋铀厂，中国第一颗原子弹、第一颗氢弹、第一艘核潜艇的原料均来自这里。随着资源的枯竭，这个厂矿逐渐远离了昔日的辉煌。"代号711"项目未来会打造成中国核工业的标杆文旅项目，成为共和国创业史诗园区。而要成就这样的地位，除了修旧如旧、再现历史；除了引入多媒体技术和设备，沉浸式还原当年的体验外，还有一个很重要的手段，就是要充分调动当地政府和群众的积极性，利用中国第一颗原子弹爆炸60周年的契机，为郴州在山水之外打造全国性红色文旅龙头项目，让荣光重回郴州。我们在设计这个项目的过程中，尤其强调了社区共建的价值。通过社区共建，不仅能还原和再现历史文化，更重要的是激发711矿职工及子弟的热情和资源，形成强烈的共情和众创。

当项目准备推出市场前，你一定要认真思考上面提到的问题：我的项目与这个城市和市民有什么关系？人家为什么要关注我的项目？我能为他们带来什么？对这些问题的回答，会让你事半功倍！

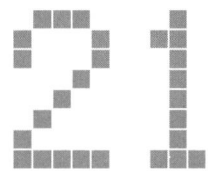

内容为王，
每个企业都需要首席内容官

我们做过很多次的广告效果调查，结果发现对消费者决策影响最大的不是某个媒体，而是基于社交媒体的内容传播，也就是说，内容传播已成为驱动消费者的第一动力。这个结论与我们过去长期以来对消费者的洞察和媒体格局变化趋势的认识是吻合的，毫无疑问的是，我们已经进入了一个内容营销的时代，一个企业、一个组织甚至一个国家的营销水平，直接取决于它的内容制造能力和传播能力。

英特尔的全球营销战略总裁帕姆·蒂勒写过一本书叫《首席内容官》，这本书我建议大家都找来看看。他在书中提出一个观点，即每个企业都必须拥有一名首席内容官。在互联网时代，每一家公司都需要一个总编辑，一位擅长用内容打动用户的设计师，一位具有跨界思维，擅长跨区域整合战略的长袖善舞的首席内容官。

每个企业都需要一个总编辑。一个好的总编辑，不仅是一个营销推广高手，也有可能是一个优秀的产品经理。一个具备高媒体素养的总编辑在创造产品上也是具备极强优势的。

蒂姆认为，内容营销的意义在于，我们需要用内容创造品牌认知，而认知就是现实。所以，内容应该是顾客在线上和线下体验的一部分。内容规划也应放在营销策略的首要位置，但现实中大多数营销者都是事后才会想到内容营销。

我近两年一直在关注老朋友、《新周刊》前总编辑封新城的项目。他在大理凤羽以退步堂为起点，打造了一个集野奢酒店、文创开发、大地艺术展览和物产 IP 于一体的高调隐居和头部度假的空间。我总结他能够做成这些事的背后逻辑是一个资深媒体人的趋势洞察力、生活美学修养、概念创造表达能力、情怀，这几样缺一不可，但又是一个成功媒体人的必然结果。云南正在全力打造以半山酒店为核心的"大滇西旅游环线"项目，而封新城的试验刚好吻合了云南文旅的发展方向。可能有人觉得他是碰巧踩准了节奏，但在我看来，作为一个一直在观念上引领大众的《新周刊》前总编辑，他一直都在引领节奏。

最近，封新城又在国内首推空间媒体联盟。过去，所有的媒体都叫作时间媒体。在时间媒体之中，一切信息的接收和传递都受到时间的限制，但空间媒体却无此问题。封新城通过他的乡创实践，发现每一个空间都能够成为媒体。无论大小，空间本身都在传播信息和理念。"空间是生活的载体，空间媒体是生活美学和生活方式的连接器和传播器，人和人所创造的事物是其中的文字，而这些文字被上天和时间阅读。""空间媒体"的概念一经提出，获得一众人士的强烈呼应，时任中国传媒大学广告学院院长的丁俊杰后来成为联合发起人。而凤羽，则成为实践空间媒体这一概念的首选之地。

可见，一个好的总编辑或首席内容官不仅能让传播更出色，更重要的是，他能引领观念甚至产品开发。

第一部分 娱乐化营销

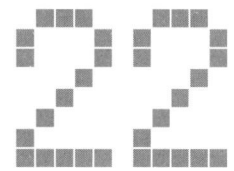

内容，内容，还是内容

只有河南·戏剧幻城的成功引起了业内人士和消费者的广泛关注。有人说，未开业就火的叫营销，开业后才火的叫产品。从这个角度来讲，只有河南·戏剧幻城的营销做得相当不错。

在一个社交媒体的时代，一个企业的内容营销水平，直接决定着这个企业的营销水平。 对于任何一个企业来说，内容营销都是最为重要的。

只有河南·戏剧幻城恰好是在内容营销上表现出了很高的水准。

开业前后的几个月，从城到田，从田到戏，从戏到人，只有河南·戏剧幻城发起了一波又一波的内容传播。其中包括人民日报、央视、新华社在内的公共媒体发稿超过600篇次；"有21个剧场的戏剧幻城"的微博话题阅读量超过3.5亿；各平台生产视频累计超过200条；开城直播全网播放量4160万，作品发布会直播全网观看量3380万。这些高频次、高颜值的内容极大地提升了只有河南·戏剧幻城的调性，引发了消费者的关注，形成了社会关注热点。

在高品质内容传播的同时，他们还创造了一个又一个的热门话题和事件。只有河南的第一次发声，就以一篇公众号推文引发了河南人的集体共鸣。在零粉丝的情况下，秦朔的一篇《我不是一个河南人》，当天阅读量突破十万。一条史航对话王潮歌的视频，仅微信视频号阅读量就接近 500 万。MORI 的《河南，承受了中华一半的苦难》的播放量甚至达到前无古人可能也后无来者的 1.1 亿。这些都是现象级的传播成绩。一个又一个的名人背书，从秦朔、罗振宇、意公子、方锦龙、李雪琴到刘震云、史航、王石、张磊，从王潮歌到胡葆森，大家或体验、直播，或发文、发声，力撑戏剧幻城。只有河南·戏剧幻城还成功地打造了标杆性的联合营销事件，通过与中国李宁、河南省博物院等的合作，迅速破圈。

只有河南·戏剧幻城的团队是我所见过的最擅长内容制造和情绪共鸣的团队。他们生产的内容，不仅颜值高、数量多，而且饱含情感、强力共情。即便是大雨、疫情后的闭园、开园通告，都被他们烹饪成精美的鸡汤，让目标受众非常享用。

只有河南·戏剧幻城的经验告诉我们，景区要迅速爆红，内容和话题制造是捷径。

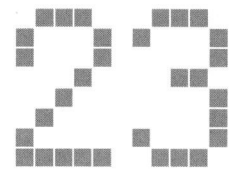

再牛的企业，也得抱团打天下

文旅项目除了内容传播，还有没有其他方式可以快速出圈呢？有的，那就是与著名品牌进行品牌联合推广，俗称"抱大腿"。所谓的"大腿"，是BAT、湖南卫视、中央电视台、浙江卫视等这些资源，还包括爱奇艺、优酷、腾讯视频、京东、头条等这些头部企业，当然也包括中国顶级的一些家电企业、金融企业、IT企业、通信行业企业等。要通过一些联合营销或者跨界的合作，去降低我们的营销成本，同时又很好地去利用别人的流量，利用合作方的消费场景去推广我们的产品，这是未来各个景区要高度重视的。

在我们所服务的客户中，有两家企业的联合营销动作可圈可点。一是只有河南·戏剧幻城与中国李宁的联合推广，借助后者的品牌、流量和资源，只有河南·戏剧幻城尚未开业，就收获了巨大的品牌曝光，为未开先火奠定了基础；二是正佳极地海洋世界与小鹏汽车合作，共同打造城市中心海底露营场景，也取得了良好的效果。

对于品牌联合营销，首先要树立强烈的意识。其次是要志存高远，瞄准真正的"大腿"。第三才是方法论。这里有一个简单粗暴的建议：跑客户，用自己的腿去为企业接上"大腿"。当年我们为了推动长隆的品牌联合推广，专门组建了一些客户小组，一家一家地去跑大型企业，去跟他们讲我们的产品，讲我们打算怎么去做联合营销。

经过一段时间，有一单、两单、三单事情做成了以后，它就会产生一个示范和从众效应。我们过去做过不少成功的联合营销包括IP合作，有些人以为是因为我们本身就是一个"大腿"，但其实他们不了解背后我们为此所付出的大量努力。

而且，即便是在长隆的品牌如日中天的时候，我在企业内部也一直强调，虽然别人都想抱我们的大腿，但我们更需要抱别人的大腿。只有善于与比自己优秀的品牌合作，你的品牌才能出圈。

凡事预则立，不预则废。主题公园必须得具备这样一种超前的眼光、超前的意识，才会源源不断的有这些东西进来。

如果没有资源，还有一个方法，那就是委托一些有此类资源的专业机构如"时代文旅"，链接上"大腿"。

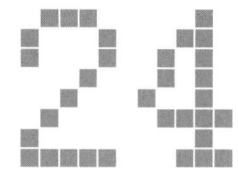

景区也需要经营自己的朋友圈

我经常说的一句话是：**景区是品牌最好的曝光场所；品牌联合营销是景区性价比最高的推广方式**。

这是基于十多年的思考和实践得出的真经。

景区拥有大量的流量，相当于拥有大量的受众。它不应该仅仅是一个景区，还应该是具备媒体属性的平台。按照我的朋友、前《新周刊》总编辑封新城的说法，景区是个"空间媒体"，它不仅有流量，而且有消费场景，可以互动、沉浸。这是景区与外部品牌合作时最大的底气所在。

同时，与大品牌的联合营销，对于景区来说，也是性价比最高的推广方式。

我有个朴素的认知：做品牌的关键是让消费者觉得你的品牌或高大上或有温度。要做到这点，光靠自己说是不够的。

举个例子，一个人如果想体现自己的地位，仅仅自夸是不够的。但如果他的朋友圈呈现出来的朋友都是非同凡响的人物，大家想必就会对这个人刮目相看了。

这个道理很简单。这就是为什么我们过去在景区做品牌营销工作时，要不断寻找各种跨界合作的机会，不断与中国最潮流、先锋、知名的品牌合作的原因——当这些全国甚至世界知名的品牌都成为你朋友圈的常客的时候,你的品牌就建立起来了。

我尤其记得的一件事是,长隆引进草莓音乐节的那年,在差不多一两个月的时间内,我接触到的年轻人有一半以上都会跟我说起我们与草莓音乐节的合作。这让我非常惊喜,也更增添了我的信心。

《中国好声音》第一季落户长隆时,正值当年的十一期间,无数人通过各种关系找我们要票。活动在坊间引发很大的关注,而这种关注给品牌所带来的极大增值是毋庸置疑的。

更不用说,很多游客尤其是外地游客,就是通过《爸爸去哪儿》《奇妙的朋友》认识和追随长隆的。

只有河南·戏剧幻城是一个很擅长营造"朋友圈"的典型企业。它们不仅与中国李宁跨界合作,而且广泛链接各种中国社会顶流资源,比如王志纲、秦朔、罗振宇、意公子、史航、王石、李雪琴、黄海、施一公、张磊、方锦龙、河南省博物院等等。一个拥有这样"朋友圈"的品牌,自然会吸引更多品牌的加入,形成品牌塑造的良性循环。

第一部分 娱乐化营销

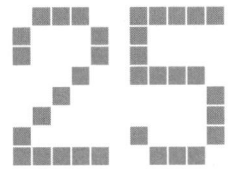

只有河南·戏剧幻城 + 中国李宁 = ?

我们在过去的"熊晓杰说文旅"里面,曾经提出过一些观点,这些观点是基于我们过去十多年中操盘中国顶级文旅品牌的成功案例,以及我们对于品牌传播趋势的洞察。我们坚定地认为主题公园是品牌最好的展示空间,同时品牌联合营销是主题公园性价比最高的推广方式。

2021年7月9号,只有河南·戏剧幻城与中国李宁的联合推广,再次完美地印证了这一观点。他们共同创造了一个主题公园与时尚潮流品牌异业合作的全新经典案例。

中国李宁这个品牌,大家都非常熟悉了,是中国国潮的实力担当。近些年来,中国李宁一系列推广动作成为刷屏事件,继纽约、巴黎新品发布会后,2020年中国李宁把发布会场地定在了敦煌。借助敦煌、沙漠和时尚的强烈反差,收获了一大波眼球和赞美。

作为一个时尚潮流品牌,中国李宁选择与中国传统历史文化强关联可谓顺理成章,与戏剧幻城的合作更是天作之合,它是河南文旅继《唐宫夜宴》后的又一个爆点事件。中国李宁新品发布会所呈现的时尚潮流元素,与戏剧幻城的夯土大墙、麦田、椅阵、乾台及超长高清大屏形成强烈的对撞。这与《唐宫夜宴》的火爆逻辑如出一辙:传统的、民族的东西与现代、潮流的元素结合,其结果便是金风玉露一相逢，便胜却人间无数。中国李宁借助戏剧幻城非凡的建筑和场景，实现了敦煌之后的又一个超越，而戏剧幻城尚未开张就赢得了顶级品牌和流量明星的背书，更是合作中的赢家。

大家都说，一个景区，开了后火是因为产品，而未开先火则看的是营销。只有河南·戏剧幻城与中国李宁的合作，成就了一个未开先火的经典案例。

通过与中国李宁的合作，只有河南·戏剧幻城尝到了甜头，也为自己与顶级品牌的合作打了一个版，成为许多品牌争相合作的对象。2022年，戏剧幻城与河南博物院合作的"麦田里的博物馆"，开创了一个博物馆与景区合作的全新模式。

与顶级IP的联合推广，也是我们在担任只有河南·戏剧幻城品牌顾问的过程中与对方团队达成的共识。双方为此筛选了国内最顶类、最吻合项目品牌调性的超级品牌，然后分头去攻关。先有正确的战略，然后就会有成功的结果。所以，与中国李宁的成功合作，完全是意料之中的事。

第一部分 娱乐化营销

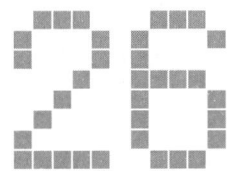

文旅营销成功的八个步骤

过去十多年,我们不仅在中国主题公园界首创了娱乐化营销的战略体系,而且把文旅营销分解成八个步骤和动作,然后年复一年、日复一日地操练,达到了很好的效果。

这八个步骤或动作是:

一、**明确定位,纲举目张**。企业和产品一定要有清晰的定位。独特和有市场洞察的定位会让企业和产品事半功倍,否则就是盲人骑瞎马,夜半临深渊。

二、**强化节点活动策划**。各大节点的生意通常会占到景区生意的三分之一甚至一半,因此对于节点活动的策划无论如何重视都不过分。每逢节点,自然流量会很多,所以有些景区会忽视节点活动的策划。但成功的节点活动不仅能让景区抢到更多的市场份额,更是扩大品牌影响力的最佳时机。

三、**强 IP 合作**。过去十多年我们的实践充分证明了,景区与强 IP 的合作是一条成功捷径。因此,景区要尽可能创造与强 IP 合作的契机。

四、**大规模内容生产和传播**。这一点在其他讲里有充分的表述,这里就不赘述了。

五、**广告投放**。

六、联合营销。联合营销是性价比最高的传播方式,而景区是联合营销最好的场所,没有理由不利用好这个绝佳的优势。

七、价值观营销,即把产品做成生活方式。价值观营销即科特勒所说的 3.0 的营销。一旦你的产品成为生活方式,就可立于不败之地。

八、打造企业自媒体。这一点在其他讲里有充分的表述,这里也不赘述。

从上面八点可以看出,随着媒体粉尘化时代的到来及消费者消费行为的变化,在哪投广告、投什么广告、什么时间点投广告已经越来越不太重要了。而内容制造和传播,自媒体矩阵的打造,定位的明确和坚决贯彻实施,大量的联合营销,节点活动的强力打造,以及基于价值观和生活方式的传输,成为更为重要的手段。

主题公园行业、文旅行业是一个相对而言广告投入力度不够的行业,但这未必全是坏事。它会倒逼企业认真研究消费者行为和不断变化的媒体传播规律,找到一条符合主题公园和文旅行业特征的营销方式,取得事半功倍的效果。而娱乐化营销就是最符合文旅行业的营销方式。

很多企业在经营过程中,往往抓不住重点,眉毛胡子一把抓;或者偏信某些观点,独沽一味。这些都是不可取的。上述的这八个步骤,不仅是我们在甲方操盘时积累的成功经验,而且在四年以来服务客户的实践中,也取得非常明显的效果。从战略到战术,只要遵循这些步骤,企业在品牌和营销上就不会有问题。

第一部分 娱乐化营销

文旅营销媒体投放的"黄金十二法则"

我知道在广告上的投资有一半是无用的,但问题是我不知道是哪一半。这句名言被称为广告界的"哥德巴赫猜想"。当我们手里握有一笔营销费用,怎样分配才能让效果最大化呢?这里分享一套我们经过十多年实践、花费近百亿营销费用后总结出的媒体投放与资源分配的方法论,我们称之为营销"黄金十二法则"。它们分别是:

一、**内容为王**。优质内容是企业制胜的法宝,必须在内容制造和传播上投入足够的费用。

二、**裂变式营销**。基于大事件、大活动、大 IP,整合全媒体尤其是社交媒体的社会化营销是可能引发瞬间爆发的重要手段。

三、**搜索持续优化**。搜索引擎类媒体投放及长期持续的优化是每个企业营销的基础性布局。

四、**硬广软化**。尽可能硬广内容化,让硬广投放产生二次传播的机会。

五、**尽量去干扰化**。在媒体选择上,尽量选择那些受干扰相对较少的媒体形式,如户外和密闭空间里的媒体。

六、**合作定制化**。网络、电视节目的合作仍是重要手段,但必须是基于线下内容植入的合作,甚至是定制性合作。

七、**持续的创新合作模式**。高举高打、占领国内头部媒体资源是必然的选择，但要尽量考虑投放的创新性，以及与媒体的深度战略结盟。

八、保持与渠道的良性互动。对销售渠道的投放须保持适度的力度，并且与品牌层面的投放形成良好的互动关系。

九、品效合一，统筹兼顾。兼顾品牌传播和销售诉求；兼顾全年持续品牌曝光和节点前强力引爆。

十、内容与媒体配置最优化。在传播媒体的内容选择上，总体而言，视频优先；静止媒体中视频优先；移动媒体中则图片优先。

十一、新闻炒作常态化。这是一个最低成本、最高收益的动作，可惜很多企业没有意识到它的价值。

十二、企业媒体化。只有企业媒体化思维和运作，才能在内容营销时代把主动权掌握在自己手里，才能在品牌管理和营销过程中游刃有余、惊喜连连。

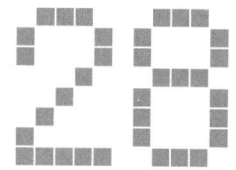

那些娱乐化营销的大神们

在娱乐化营销这个领域,有些人是让我高山仰止的。

排在第一位的就是维珍集团的理查德·布兰森。他写过一本书《一切行业都是创意业》,把他的思想和行动做了一个全面的总结。强烈推荐大家看看这本书。

这哥们为了推广维珍可乐,把坦克开到了纽约第五大道;为了推广手机,把自己装扮成全裸;为了推广维珍航空,男扮女装为乘客提供空姐服务……甚至连维珍公司的广告也是惊世骇俗,让人脑洞大开的。布兰森和维珍的所作所为,引发巨大的争议,但为他和维珍赚足了眼球。

另一个人就是一手打造香港兰桂坊和香港海洋公园两张香港名片的盛智文。在他的率领下,香港海洋公园连续11年保持着一亿元的纯利纪录。

让盛智文获得成功的很重要一招,就是娱乐化营销。为了得到最佳宣传效应,他扮演过水母、舞女、圣诞老人……在一次海洋公园的公开活动中,他乘坐飞行器突降现场的创举让我深受启发。

我们过去在甲方工作时,也借用了一些这样的小伎俩。比如万圣节时,让园区的老总以万圣节装扮出来见记者;比如在水上乐园开业时,让水上乐园老总当着全体记者的面喝下水池里的水,以展示园区水质的优良，等等。虽然只是小伎俩，但也会让媒体有耳目一新的感受。

由于园区老总相对来说比较严谨，所以在上述活动中玩得不是太放。但轮到我做主角时，就可以比较任性一些了。我主编的《超级中年》一书出版时，选择正佳极地海洋世界的场景，做了一场沉浸式、娱乐化的新书发布会。在参与嘉宾和媒体进入的多媒体走廊里，我们播放的是《超级中年》一书被采访对象的肖像，让参与嘉宾获得满满的仪式感和被尊重感。在宣布新书正式发布的时刻，一幅巨大的《超级中年》封面在获得吉尼斯世界纪录的海底空间缓缓呈现，配上相应的音乐，场面极富冲击力。这也被媒体报道为世界首个在海底举办的新书发布会。

当然，娱乐并不就是易装、搞怪。乔布斯开创的新品发布会风格也是一种高级的娱乐化营销方式：个性化的着装，超大屏幕极简化PPT展示，极具冲击力的企业品牌理念宣传片等，都成为国内外企业家效仿的对象。

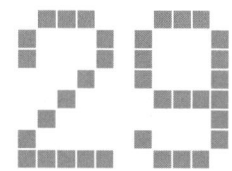

弄懂娱乐化营销必读的几本书

关于娱乐化营销的书籍不少。除了理查德·布兰森的《一切行业都是创意业》、斯科特·麦克凯恩的《一切行业都是娱乐业》外，尼尔·波兹曼的《娱乐至死》、大前研一的《低智商社会》这两本书，对于理解为什么要娱乐化营销有根本性的帮助。

我关于娱乐化营销观念的形成，与《娱乐至死》和《低智商社会》这两本书有很大关系。《娱乐至死》解析了美国社会由印刷统治转变为电视统治，由此导致社会公共话语权的特征由曾经的理性、秩序、逻辑性，逐渐转变为脱离语境、肤浅、碎化，一切公共话语以娱乐的方式出现，以此来告诫公众要警惕技术的垄断。在该书中，尼尔·波兹曼这样说到：我们进入了一个娱乐至死的社会。一切均以娱乐的形式表达。他深入剖析了以电视为主的新媒体对人们的思想认识、认知方法乃至整个社会文化发展趋向的影响，令人深省，并认识到与媒介危机相伴而来的，就是人们接收信息方式的变化。

《低智商社会》提到，时代的发展似乎并没有相应提高人们的智商，反而使得人们的智商在逐渐衰退。只关心自己半径三米以内的事情；在网上跟人无话不谈，现实生活中却不懂与人面对面敞开心扉；没有成功欲望、学习能力低下但却丝毫不以为然；看到电视中的广告就会马上冲动购买；总有毫不脸红的读错字的官员出现；遇到困难懒于思考就放弃；人云亦云，凡事随大流……按照大前研一的说法，上述这些现象，意味着我们已经进入了"低IQ时代"。

　　天下潮流，浩浩荡荡。顺之则昌，逆之则亡。在这样一个大背景下，我们的传播、沟通方式势必发生变化。过去那种单向度的轰炸、理性逻辑的表述、宏大的叙事，已变得不合时宜。

　　所以，我很早就有了"一切行业都是娱乐业"的认知。我甚至在2005年就提出过"企业的娱乐化生存"的命题。因为放眼身边，无论麦当劳、百事可乐，还是苹果、华为，没有一个企业不在娱乐化生存。麦当劳的前CEO直接说，我们就是娱乐企业。当年尼葛罗庞帝提出"数字化生存"这一概念时，曾经哗然一时，但很快大家就发现，每个企业都已在数字化生存，每个企业都成了互联网企业。

　　这就是为什么我会在2005年进入长隆时就提出"我们不是一个旅游企业，我们是一个娱乐企业"的观点，并且身体力行娱乐化营销的原因。

　　后来看到麦克凯恩的《一切行业都是娱乐业》时，深以为知己。

　　美国人阿尔·利伯曼的《娱乐营销完全指南》、中国娱乐营销传播研究中心的《娱乐营销3.0》和《所有营销都是娱乐营销》，都是很专业、很系统地讲述娱乐营销方法论的书籍。后面这两本书跟我都有点关系。作为中国娱乐营销传播研究中心的研究员，《娱乐营销3.0》有我的一些智力贡献，而《所有营销都是娱乐营销》一书里，我是序言作者和推荐人。

　　这些书籍都可以作为了解我们首创的文旅行业"娱乐化营销"+"企业媒体化"战略的参考书目。

第二部分
企业媒体

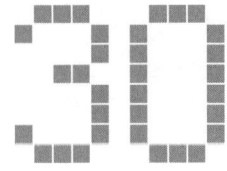

30

企业自媒体与三个权力的转移

企业在娱乐化营销的过程中不仅要借船出海、造船出海,更要打造自己的平台。这个平台就是企业自媒体。过去我们在甲方打造了中国文旅行业最优秀的企业自媒体,并且深刻认识到,通过企业自媒体的打造,企业可以实现三个权力的转移:传播权力的转移、销售权力的转移、数据库资产的转移。

过去企业的新闻发布完全依赖公众媒体,现在企业有了粉丝量近千万的自媒体,很多信息就可以通过自媒体直接抵达消费者。过去企业的销售主要依赖OTA和旅行社,现在通过企业自媒体,不仅增加了销售渠道,更重要的是增强了讲价能力。过去散客和团客数据都无法留存,现在通过自媒体,可以相当程度地实现数据库资产,也就是大家所说的私域流量的转移。

这些观点也是我们从2014年开始,通过七八年的实践总结出来的。我们完全享受到了三个"权力转移"所带来的红利。长隆的自媒体已成为业内最有影响力的传播平台。在几乎所有的自媒体平台上,长隆的官方账号都排名前三,不少甚至排名第一。大量的内容制造和传播,创造了远高于硬广投放的性价比。长隆自媒体甚至生产了很多反向输出给外部媒体的内容,如纪录片《我的朋友不是人》《爸爸,再不陪我就长大了》。长隆单一公众号2019年的销售额达到 1.8 亿，与外部渠道形成了良好的竞合关系；长隆自媒体形成的私域流量，对于这个跨越两大区经营的大型企业来说，也起到了客户互推的良好效应。

在自媒体时代，每个企业都必须拥有自己的自媒体。企业越早开始企业自媒体的构建，就可以越早建立自己的战略性竞争优势。这是我们现在服务每个企业时特别强调的重点，同时也是我们陪伴式服务的重点。事实证明，自媒体建设的门槛并不如想象的那么高。企业不一定非得需要像我这样的媒体总编辑出身的人，只要顶层设计到位，善于调动资源和员工的积极性，任何一个企业都有可能打造出成功的自媒体。

当然，有一点特别重要，就是**企业自媒体必须成为老板工程。即要么老板亲自抓，要么老板指派得力干将亲自抓。**如果把自媒体的功能下放到品牌或营销部分的一个小组里，是没有办法做好这件事的。只有有权威、有高度、有资源调度能力，才能做好企业自媒体。

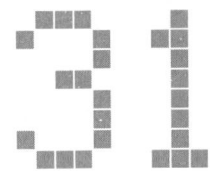

3.0 时代的自媒体
是充分媒体属性的自媒体

企业自媒体也有三个不同层次。

1.0 时代的自媒体相当于企业内刊的电子版；2.0 时代的自媒体是我们过去在长隆所打造的企业自媒体，以及只有河南·戏剧幻城这样优秀的企业自媒体。这些自媒体虽然被冠以企业名，但由于企业自身产出内容丰富、内容管理和制作人员有创意，加上有很多与外部链接所产生的外部信息和资源，比如品牌联合推广、综艺节目拍摄、电影电视剧首发活动、园区的节庆活动等等，所以这些自媒体呈现出较高的外部性，阅读量和影响力还是相当可观的。以长隆公众号为例，订阅号基本阅读量两三万，服务号的阅读量则肯定是 10 万 +。只有河南·戏剧幻城同样如是。它们在内容制造上由总经理亲自把关，既注意颜值，又注重情感共鸣，加上与中国李宁、河南省博物院及大量 KOL 的互动，其内容十分丰富、鲜活，成为近年文旅行业自媒体打造上的标杆。

但 2.0 时代的自媒体也有一定局限：粉丝的留存存在着较大难度，同时，由于内容始终在企业周围打转，故影响力出圈的机会相对较小。更重要的是，作为媒体的属性很难得到真正的体现。

我认为，3.0 时代的自媒体应该是媒体属性极大化的。它既是企业品牌和资讯的输出端，又具有很强的媒体属性，通过内容制造、发行、广告等实现媒体的营收闭环，成为企业的一个利润中心而不是一个成本中心。

红牛是在企业媒体化思维上走得挺领先的企业。红牛旗下有一本杂志叫《红色公告》（The Red Bulletin），最早起源于赞助F1方程式赛车活动，后来逐渐发展成面向全球的一本主打男士生活方式的杂志，包含70%的国际内容和30%的本地内容。现在，《红色公告》杂志已经用5种语言发行到10个国家。

现在这本杂志的价值，已经难以用它曾经帮助公司销售了多少罐红牛饮料来衡量了，它已经完全成为一家独立的媒体公司——红牛媒体工作室。就像《华盛顿邮报》和CNN一样，这家媒体公司除了承担红牛品牌推广的任务外，已经可以独立运营并产生利润了。而且，现在的红牛媒体工作室业务已经涉足电视剧、纪录片、世界大赛转播、音乐制作等多个领域，甚至还通过出售版权盈利。

从搭建媒体工作室，经营杂志、电视台、唱片公司，到极限运动的运作，红牛已经保存了超过50000张照片、5000条视频和各种独家内容等珍贵资源，就连正式媒体想要转载某些内容都需要付费购买版权。通过各种赛事的多样化运作，红牛储备了大批有影响力的粉丝，其中不乏行业大咖、明星和知名媒体人，他们是帮助将红牛公司美誉度传播于全球的宝贵资源。

红牛的媒体推广，大部分都是企业自己的媒体工作室在背后推动的。

最近几年，本土的屈臣氏、尚品宅配、蔚来等企业在企业自媒体的媒体化运作方面也取得了一些值得借鉴的成绩。这些企业自媒体，按弯弓创始人梅波的观点，已经很好地实现了：

一、通过内容，建立与用户的纽带关系，与产品的共生关系，与品牌的共建关系，与渠道的赋能关系。

二、通过线上线下的交互，不仅打通会员，而且实现会员画像的精细化管理和运营，实现一致化的营销和传递。

三、通过周边产品的销售，实现新的商业价值和增强社群黏性。

上述这些做法已经超越了媒体的传统属性，不再仅仅是一个内容的传递，而是一个基于媒体平台的数据库营销系统。

这种企业自媒体不仅承担了品牌的输出功能，同时还能承接第三方需求，利用自身流量为其他商业机构赋能。

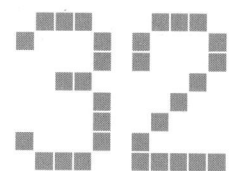

文旅自媒体不仅仅是指线上自媒体

我们一直认为，对于文旅企业来说，自媒体应该分为线上、线下两种：

线下自有媒体，主要包括：园区的自有硬广媒体，如户外大屏、围挡、刀旗、等候区电子屏、酒店电视、餐厅电视……园区的各服务触点媒体，如售票服务、客服服务、酒店前台服务、停车服务……

布局合理的自有硬广媒体、有序高效的服务触点媒体，能实现与线上的充分互动、互补，为营销赋能，主要基于下面几点原因：

一、文旅的线下自有媒体，是天然的流量泉眼。

线下游玩中的众多触点，是进行流量转换的绝佳入口。游客变成粉丝后，其忠诚度会更高，因为基于真实体验感后所产生的认同感，将使他们在社群中更为活跃，而且也更乐意进行传递。

二、让游客从单园游变多园游，线下自有硬广媒体的作用重大。

目前，国内的大量文旅项目都是多业态模式，一个度假区往往包含乐园、酒店、马戏等多种业态。据调查，当游客到达乐园后，从单园消费变成多园消费的决策门槛会下降60%甚至更多。所以对于该类消费者，只要我们做好一定的告知和体验传达，是能够很好地实现销售转化的。

举个简单的例子，在长隆园区内，如果我们在大摆锤的排队等候通道的电子屏上播放明星乘坐垂直过山车的综艺画面,那么绝大部分游客的下一个打卡点,很可能就是垂直过山车了;如果我们在乐园的餐厅区、园区大屏、硬广区铺放马戏的内容,那么大家从乐园出来的下一个打卡点,将很有可能指向马戏……

所以,长隆经常会在广州园区同步珠海园区的广告内容,进行双城、双园区导流;在 A 项目放 B 项目的广告内容,进行多项目导流。

三、线下自有媒体是新项目或新设备预热的绝好场所。

这个动作,大量文旅景区都会做,但我们以往在做类似预热动作时,通常会有如下几点考量:

第一,声势一定要大。尽可能多地使用户外大屏、大型围挡等震撼广告。

第二,尽量注意客群、调性一致性。比如可可爱爱的萌宠乐园里,就不宜投放万圣鬼怪氛围的广告。

第三,园区各服务触点,即各一线工作人员,对新项目、新产品的知识普及要到位。

四、线下自有硬广媒体可直接实现经济变现。

千万级的游客体量,客群标签垂直、画像清晰,这往往是品牌方所需要的。因此,我们完全可以将线下自有硬广媒体,进行经济变现。

第一,赞助变现。比如我们就曾经以赞助费的形式,让中国移动动感地带冠名长隆欢乐世界的尖叫地带。

第二,在进行跨界合作时,线下硬广媒体也是很好的谈判筹码。

比如只有河南·戏剧幻城 328 米 ×15 米的巨型夯土墙体巨幕，因其震撼效果而深受品牌方喜爱，这就成为企业在进行跨界谈判时的有力筹码。

五、线下服务触点可直接带来传播。

如海底捞的服务，就是一种传播；太二酸菜鱼的线上社群暗号 + 线下对暗号，也是一种传播。此外，不少餐饮店上菜时的吉祥话，对客人的特别称呼等等，都有可能让用户自发地拍照、打卡、发朋友圈。这些都是企业自媒体的一部分。

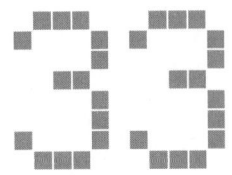

直播会是景区弯道超车的捷径吗？

疫情发生后，我曾经写过一篇《后疫情时代，景区如何弯道超车》的文章，为景区企业如何在疫后弯道超车提出了八点建议，其中一条是，企业必须建立一个与线下平行的线上传播、交易和数据库营销的平台。

关于这一点，我们有充分的体会和感悟。早在2014年底，我们就开始在长隆打造企业自媒体，并通过企业自媒体建立了一个集传播、销售和数据库营销为一体的企业营销战略升级平台。

数年后的效果是显而易见的。我们所服务的企业不仅拥有了超过千万的私域流量（微博＋微信），实现了数据资产的部分转移，同时建立了强大的企业自传播体系，实现了传播权力与销售权力的部分转移。企业官方平台成为一个足以与大多数代理商相提并论的存在。

这是在过去以双微为主要平台的自媒体建设中取得的成绩。如今，在这个短视频、直播电商的时代，企业是否可以通过这个风口迅速建立竞争优势并实现弯道超车呢？

显然，直播电商已经成为后疫情时代TO C企业的重要战场。资本大批涌入，直播生态飞速迭代，策划、内容、制作日益精良，流量变现体系成果也屡创高峰。

疫情之下首当其冲的线下零售业以及文旅行业，也在积极拥抱新的趋势，在直播电商领域强势布局。

直播刚出现的时候，我们是景区企业中的最早积极拥抱者。但坦率地说，过去的直播热闹是热闹，但效果如何，真是天知道。因为各个环节都有可能出现数据失真问题，而且相当一部分的流量来自三、四、五线城市，对于品牌的曝光来说聊胜于无。

但新一波直播则不然，因为他们解决了过去的直播（尤其是景区企业直播）所没有解决的几个问题：

一、**流量的转化问题**。现在不少商家和景区都把直播平台放在自己的账号上，这样一来，粉丝就不再是看不见摸不着的了，而是通过一波波直播，有可能最后沉淀在了企业的自媒体平台上，形成企业的私域流量。

二、**带货问题**。过去景区行业直播最大的痛点是没有办法带货，但这个问题在这一波直播里面得到了解决。

三、**直播成本问题**。这一次很多直播主不再是性价比不高的网红、达人，而是免费的企业主本人、政府官员、行业大咖等。这些人本身就是KOL，拥有完全不逊于所谓网红们的资源和人格感召力。

这一波的直播可以说是直接催生于疫情。在线下完全断流的情况下，直播电商成为很多企业自救的唯一方式。

从文旅行业的情况来看，平台型企业如携程，小型企业如民宿经营者在直播带货上的表现较为优秀。前者是依托大平台、大数据，后者则是文旅行业中最早具备私域流量思维的一批人。民宿经营者大多具有较强的人格魅力，与生俱来的亲和力和粉丝黏合力，以及因弱小而产生的强大求生能力。相反，一些过去在线下呼风唤雨的企业由于习惯于传统的运作模式而在这一轮疫情中表现不佳。

　　文章开头提到，每个企业在未来都必须建立一个与线下运作平行的传播、交易和私域流量平台。在这次的疫情中，过去在线上提前布局的企业应对风险的能力和保持品牌热度的能力就远远强于其他传统景区。以故宫为例，不仅通过线上文创产品的销售获得了现金来源，而且通过 VR、5G 直播等方式，持续保持着强大的品牌活性和热度。正是通过这些方式，一大批国内外的博物馆、艺术馆甚至音乐厅，都在至暗时刻赢得了关注和流量。

让私域流量成为企业的战略资产

这两年大家都在讲私域流量。所谓的私域流量，就是说企业通过自己的运营，比如说公众号、抖音、微博、APP等各种平台所得到的数据或者是流量，即为私域流量。

现在大家都能够看到私域流量的价值所在，问题在于谁能够先做，谁的思维能够领先，谁就能够提早地获得好的回报。作为景区，你必须得提早布局，必须得有超前眼光，必须得一把手下定决心。

过去很多企业看中的是销售回款。只要货能卖得出去，款能回得来就大功告成了。而现在，几乎所有企业都在要求，不仅款要回来，客户数据也得回来。

对于景区而言，它最大的优势就是天然拥有流量入口。通过购票、入园核销、停车、消费等环节，可以迅速且大量地获得客户数据。所以，一般而言，一个大型景区每天增长一两万粉丝并非难事。

对于那些全国或跨地区连锁经营的景区来说，这个优势更明显。因为它的流量入口更多，私域流量的相互倒流价值也更大。

对于景区来说，更重要的是接下来的问题，即有了私域流量后，如何留存，如何增加黏性，如何发挥数据库的经营价值。

技术手段固然重要，但我觉得最重要的还是要有经营私域流量的热情。有了流量后，如果仅仅是向流量推送一些促销、优惠信息，或者推送一些价值不高的新闻资讯，掉粉就会很厉害。对于一些大景区来说，一天掉个大几千粉丝是很正常的事。

如何留住粉丝和流量，这就必须得靠社群运营。这一点我们在后面会重点讲到。

作为景区来讲，如果将工作仅仅局限在如何提高游客的公园和酒店复购率，这个是远远不够的。因为景区的消费是一个非常低频的消费，你的数据资源得不到很好的利用和发挥。对于未来的企业经营来说，数据是一个最最重要的战略性资产，我们不仅要去收集这些数据，同时也要从战略的角度考虑怎么样去形成一个重复销售的平台和机制。

过去，我们的文旅企业不仅对数据库营销方面的重视程度不够，而且在文创产品的开发、线上可销售产品的规划，以及对消费者画像方面，也是缺乏战略性部署的。对于景区来说，每年有几百万、几千万的消费人群固然很重要，但更重要的是，如何通过平台的搭建，让这些人群成为你的产品（包括旅游产品和其他各种产品，如衍生品、文创产品、适合目标人群的特色产品等）的持续消费者。

举个例子，针对动物园的私域流量，为什么不可以打造自有品牌的宠物周边产品呢？

内容营销和全员营销应该成为文旅人的本能

我们一直强调企业的媒体化生存。所谓的媒体化生存,就是企业的内容生产和内容传播成为每个企业成员的自觉和本能。

这件事说起来容易,做起来很难。很多企业也很明白我们已进入一个内容营销的时代,也知道基于社交媒体的全员营销是一个非常值得挖掘的富矿,但大部分企业在这方面的表现乏善可陈。其原因多种多样,但关键还是重视不够。

有四个企业在全员营销上是做得有声有色的(其中三个,是我们曾经或正在服务的客户)。

一是我过去效力了14年的长隆。长隆在自媒体建设和全员营销这两个方面,一向是有理念、有系统、有方法的,每年都有一大批优秀的内容和全网刷屏的全员营销动作出现。

二是恒大。恒大的做法就是高压制度,即对于企业所希望传播的信息,采取严格的考核措施。由于制度到位,雷厉风行,恒大在全员营销上的效果显著,成为恒大品牌和销售信息传播的重要渠道,尤其是在疫情期间。尽管恒大后来由于各种原因出现系统性经营风险,但我希望大家勿因此而忽略它的经验。

三是建业文旅。值得称道的是,建业文旅并没有采用严格的考核制度,而是通过激发员工的热情,让员工自发生产和传播内容。

在零粉丝的情况下，只有河南·戏剧幻城的公众号的第一篇文章，当天阅读量就过了 10 万+，两天破 20 万+，充分表现了建业的动员力量和企业内部的强大凝聚力、荣誉感。只有河南·戏剧幻城开业后的一场大雪，也再次让大家看到了建业人的自觉和激情。许多员工第一时间冲到项目现场拍摄，由此产生了一大波的传播。一系列的内容制造和全员营销，让只有河南·戏剧幻城项目尚未开张已广为人知。

还有一个是河南的老君山。他们实行了全员内容生产和营销，要求全员每年发布老君山的微博、微信、短视频不少于 100 条，成绩优秀者重奖。大量的内容生产，让老君山这样一个比较普通的景区在疫情期间逆势上升，一年内营销部的奖励就达到 400 万。

无疑，内容传播是一个比硬广投放更复杂和更需要创意的事。但我们也要知道，年轻的 90 后是互联网的原住民，有着天生的网感和对热点的嗅觉，只要我们给予足够的信任，他们是有能力做好内容的。同时，**如何激发员工的参与热情和集体荣誉感，不仅需要企业文化的熏陶**，也需要我们在内容制造上找准激发员工积极性的痒点。比如长隆三十周年庆时，老板骑当年创业时的摩托车出场的视频，让每个员工都有强烈的转发冲动。

为什么别人家生产的内容那么火？

很多企业老板也能认识到内容制造的重要性。但大家都会困惑，为什么我们生产的内容没有别人那么精彩？

我们过去在甲方时总结了一系列内容制造的方法：

一、**原创自制，即企业内部人员自己动手干**。为此，我们培养出了国内文旅行业最优秀的摄影师，组建了功能较完备的团队。

二、**与具有强大分发能力的机构战略结盟**。例如二更、一条、梨视频等。

三、**与电视台、内容制造公司等专业内容生产机构合作，定制化生产内容**。

四、**基于 UGC 的活动策划**。

其中特别强调的是基于 UGC 的活动策划。在一个人人皆媒体的时代，最重要的传播是消费者的自主传播。

如何为消费者创造令他惊喜、感动、荣耀的产品和活动，如何激发消费者分享和炫耀的冲动，甚至如何在网络传输上保障消费者冲浪的速度，都变得非常重要。企业的品牌和市场人员在这些方面是大有可为的。

有几个值得赞扬的例子。比如广东的古龙峡。他们通过打造荣获吉尼斯纪录的系列网红玻璃栈道和神掌等产品，创造了 UGC 传播的题材。我尤其欣赏他们的口号"打卡古龙峡，你就是网红"。这是一个在人人媒体时代很具洞察力的口号。

一些企业在产品打造阶段就在为 UGC 传播预埋管线。比如只有河南·戏剧幻城的麦田、夯土大墙及超级大屏、空中棉花田等。

在经营过程中，为 UGC 创造可传播内容也是一个非常重要的能力。我们过去每年在长隆水上乐园营造的万人比基尼活动，就创造了非常好的传播题材，为 UGC 制造了良好的拍摄场景，同时，通过航拍、水下拍摄、亿像素拍摄等方式，制造大量的传播素材，从而推动 UGC 的传播。

所以，当我们对自己生产的内容不满意时，我们也许应该想想：

第一，我们是否有专门的团队和相应的投入；

第二，老板是否亲自关注自媒体的建设和内容制造；

第三，我们的产品和活动策划是否具备点燃 UGC 内容的能量；

第四，我们是否有足够多的外部合作、IP 合作产生外部性的传播内容；

第五，我们的企业是否从上到下都像媒体人一样思考。

第二部分　企业媒体化

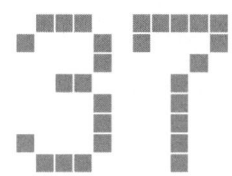

广州市长隆马戏的故事

跟大家分享一个有趣的故事。

好多人都听过"广州市长隆马戏"的段子。这个段子每隔一段时间就会被翻炒一次。经常会有不少天南海北的朋友，在同一时间段来通报，说在朋友圈看到这个段子。

这个段子最初的来由已不可查，但我们在这个话题的发酵上没少操心。我们曾在微博上发出过一大波各种场景下"广州市长隆马戏欢迎你"的段子，包括园区围栏、机场、高铁站、高速公路大牌等。

其中一个机场场景段子是这样说的："一个人背井离乡来到广州工作，到了机场连个接的人都没有，顿时感到悲凉万分。猛一抬头，竟发现广州市长在对面迎接我！刹那间我老泪纵横，陌生的城市竟有了一丝丝家的暖意！隆马戏，我记住你了。"

这条微博阅读量超过一百万，实现了真正的零成本营销。相信看到这个段子的人，不仅记住了企业的名字，更感受到了企业的用心。有趣的内容传播会让企业品牌建设事半功倍。

顺便说一句，为了纪念这个有意义的"隆马戏市长"，我们把曾经共事过的老同事群命名为"隆市长"群。

2022年，因为"代号711"中国核工业功勋铀矿红色文旅项目的前策，我们经常去郴州。每次去这个地方，我都要吃上一碗当地著名的猪脑壳饭。这个美食之所以被当地人推荐给客人，除了本身味道好外，主要是有故事。据说有一对从刚结束一波疫情的香港返回郴州的恋人，回来后的第一件事就是去吃猪脑壳饭，结果引发当地的第一波疫情。因为吃猪脑壳饭而引爆疫情这一话题，使得这一美食迅速出圈，超越众多其他美食，成为郴州人对外推荐的首选。这个事例同样说明，有故事性的话题才是最具传播力的话题。

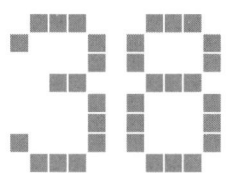

短视频时代同样需要中视频

这几年,我们进入了一个被称为短视频的时代。抖音、快手成为企业传播的标配。

短视频的价值的确是不可否认的。它制作简易、成本低,适应媒体碎片化和消费快餐化时代的要求,成为消费者最青睐的信息传播和接收方式,也非常吻合人人皆媒体以及全员营销的传播环境。

很多景区因为一条抖音或快手视频而走红,成为网红打卡地,进而带动景区整体经营的提升。

但是,**短视频也有不足之处。最显而易见的是,在塑造企业的品牌形象,尤其是传递企业的价值观和理念上,短视频就显得力不从心了。**

一流的企业传递价值观。而要做到这一点,需要企业学会讲故事,表达共情,与消费者情感互动,从而真正获得消费者的认同和追随。国际品牌在这一点上是很花功夫的,几乎所有的国际品牌都是讲故事和传递价值观的高手。他们每一年的品牌诉求,都旨在解决人性的痛点和痒点,以此获得消费者对于企业价值观的认同,继而成为产品的持续消费者。

要做到这一点,仅仅是短视频是不够的,还需要中视频甚至长视频。所谓中视频是指一分钟以上或数分钟的视频。它们往往有完整的故事和情节，有清晰的价值观表达，有专业化的制作及精细的传播。比如这几年出现的《啥是佩奇》、宝马的《巴依尔的春天》、华为的《悟空》、苹果的《八分钟》，以及最近保利地产的《你》等，都受到广泛的赞誉。

  过去我们在文旅行业也策划了不少这样的中视频，实践证明，效果还是非常不错的。它不仅仅让企业的知名度得到提升，更重要的是在价值观的层面赢得了消费者。比如我们策划的中国首部亲子关系调查纪录片《爸爸，再不陪我就长大了》，就很好地引发了父母的共鸣。还有中国首部动物园微纪录片《我的朋友不是人》，通过讲述动物饲养员的故事，表达了企业的社会责任感和员工的爱心，让消费者的敬意油然而生。再比如我们与二更联合制作的 20 集系列纪录片，通过凭人叙事，以情动人，让消费者从园区员工的真实经历里，看到企业的担当、产品的卖点以及员工的荣誉感，效果远比硬广和只追求眼球的短视频好。

  在我们的客户中，只有河南·戏剧幻城的一系列中长视频，也取得了非常好的效果。其中，史航对话王潮歌的视频，仅微信视频号的播放量就达到了接近 500 万。这些视频具有很好的品质感，在完整地阐述了企业的价值观、品牌精神的同时，也很好地展示了产品。中国马镇打造的系列视频《大镇长小镇长》则通过意见领袖的证言式采访，很好地传递了品牌信息和价值观。

为什么文旅企业要全力拥抱视频号

从 2020 年开始，我就不断建议文旅界的朋友要抓住微信视频号的风口。

碎片化传播，营销内容化、短视频化，这些毫无疑问是未来企业营销的重点。2022 年，我在几个平台同时试验了几个月的短视频内容传播，得到的结论是：

一、使用微信视频号的人群相对高端成熟。

二、知识类、休闲生活类、视觉享受类内容在视频号中受欢迎程度高，尤其是有温度的文旅内容。

三、视频号的社交推荐机制可以迅速引发层层破圈的裂变效应。这点特别好。

四、必须善用中长视频。我们前面说过，企业传播既需要短视频，也需要中视频和长视频。短视频平台适合抖音和快手，而中长视频平台非微信视频号莫属。

只有河南·戏剧幻城的爆款传播，都是出现在视频号上。如史航对话王潮歌的视频，播放量超过 500 万；如意公子的《再赴河南，因为麦子熟了》近 500 万播放量；MORI 的《河南，承受了中华一半的苦难》，播放量更是达到惊人的 1.1 亿。

当年只有河南·戏剧幻城开通微信视频号时，视频号还没有全量开放。但那个时候，基于上面的那些理由，我们力荐他们在自媒体矩阵打造时力推视频号。事实证明，这个选择非常正确。

与两年前相比，视频号的功能目前已有了非常大的完善，成为景区打造品牌的标配。

2022年以来，微信视频号发力直播，创造了几场现象级的全民狂欢音乐会，比如崔健、西城男孩、罗大佑等，这使得人们对于微信视频号的能量有了新的认知。

而不少企业也在尝试视频号的慢直播功能。虽然未必有立竿见影的效果，但在疫情期间营销费用收缩的情况下，这一做法也为品牌持续曝光提供了一个良好机会。

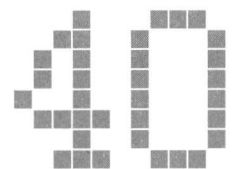

如何才能让自己的景区网红起来?

"网红"这几年成为一个热词。在很多景区经营者看来,只要自己的景区拥有网红产品,那就必火无疑。那么,如何才能让自己的景区网红起来呢?

网红产品不局限于一种物品,还可能是一个人或一个事件。我们把网红产品分为几大类。

第一是整体产品网红化。很多高端精品酒店、民宿、书店、餐饮场所等,都属于此类。比如四川阿坝的浮云牧场,2021年开业的只有河南·戏剧幻城、开元森泊酒店,以及超级文和友、钟书阁等等。

第二种是通过局部氛围和气质的改变来建立网红特质。如阿那亚当年就是通过"诗意的建筑"迅速在网络上走红。

第三种是通过引进设备设施来形成网红特质。如重庆的奥陶纪、广东清远的古龙峡等。

第四种是通过挖掘自身的优势来形成网红特质。如重庆的洪崖洞、青海的茶卡盐湖等。

第五种是制造网红化的人物或事件。最典型的是陕西西安的不倒翁姐姐和摔碗酒,大连熊洞街的巨熊北北。

第六种是通过影视、综艺节目等IP带动景区的网红化。近几年一些头部的综艺节目和影视剧带火了好多景区。

第七种是通过文创产品的方式为景区赋能网红气质。以故宫文创为例，虽然是故宫的衍生品，但从创造网红效应来说，故宫文创功不可没。雪糕文创、盲盒文创也让一些景区和博物馆火了一把。

我预计下一个景区要比拼的文创领域应该是月饼，因为月饼本质上是社交货币，而且在其他行业，月饼已经完全成为企业彰显设计力、品牌力和创造社交话题的载体。网红产品的孪生兄弟是内容制造和社会化营销，你的产品是不是具备网红特质很重要的一个判断标准，就是能否成为社交货币。更直接一点说，就是能否让来你这打卡的人成为网红。

经常有人批评或质疑网红产品生命周期不长，很容易过气。那是因为大家狭隘地理解了网红产品。实际上，**网红产品的打造背后，是企业的创造力、想象力和设计力。没有永恒的网红产品，但是，如果企业拥有上面所说的三"力"，那么它就可以持续创造吸引眼球甚至心灵的网红产品。**也有企业颇感苦恼：如果自身缺乏创造力、想象力和设计力，该怎么办？这个其实很简单。这个社会已经高度专业化分工了，有大量专业的公司或团队可以帮助企业实施网红产品的打造，关键是企业必须拥有一颗网红的心，也就是与消费者同频共振的同理心。有了同理心，自然就能理解网红产品的打造路径，判断网红产品成功的机率和选择正确的合作伙伴了。

"打卡古龙峡,你就是网红"的价值

古龙峡过去是一直没有进入我们法眼的,直到 2021 年我现场探访,才了解到在业界不显山不露水的古龙峡,还是很值得大家学习的。

有几个数据分享:在一个四五百亩的山谷里,在四位团队核心成员的努力下,古龙峡一年的游客量达到 230 万;最高一天人数超过 3 万;平均客单价 180 元,一年营收数亿。

总结古龙峡的经验,有几点值得借鉴:

一、经营团队深耕旅游,非常熟悉本地市场,对目标人群的需求很有洞察力。

二、抓准了网红产品。 古龙峡拥有 12 个获得世界纪录的网红产品,制造了强大的吸引力。

三、内容传播制胜。 即通过抖音等平台,持续制造巨量的品牌曝光。

我特别欣赏他们的一句广告语:打卡古龙峡,你就是网红。

这句话充分调动了 UGC 的热情。以两个新产品——网红桥和神掌为例,投资仅 15 万,却撬动了 15 亿的抖音流量。在全员媒体时代,消费者的传播才是真正高性价比的传播,他们甚至能决定一个企业的火爆和衰败。

在上一讲中,我们讲到了网红景区打造的几种路径。古龙峡的做法显然是其中极有代表性的一种。他们不仅在设备投入上根据地形地貌修建了各种玻璃桥和栈道，而且持续更新，不断制造新的话题，包括小型网红产品的持续更新和景区话题的持续炒作，如保安背游客过桥等。

他们也是极少数仍然坚持在传统媒体做适量投放的景区。这样做的好处，是他们在每一个节点的媒体报道中，都能抢占媒体显眼位置。

过去我们在甲方时也特别重视这一点。抢点每个节点媒体旅游行业报道的C位，是我们精心部署的工作。持续的媒体曝光会增加权威背书，更重要的是，可以让你的景区在众多景区中脱颖而出，成为被关注的焦点。这个动作，投入不大，效应却不小。

正是因为上面这种种动作，在疫情期间，在全国大多数景区的生意不尽如人意的时候，古龙峡暑假非周末一天的人流量却可达到两万以上。

42

元气森林完美日记钟薛高你学得到

2020年的天猫双十一，357个新品牌拿到了细分市场第一，16个新品牌进入亿元俱乐部，54个新品牌的成交量超过去年全年成交额，其中包括完美日记、泡泡玛特、元气森林、三顿半等。这些品牌往往三四年就可以实现快速崛起。从它们身上，我们文旅企业能够学习和借鉴到什么经验呢？

第一是强烈的客户导向，而且是基于大数据分析的客户导向。在洞察消费者需求的基础上，采取强聚焦战略，即往往是一类单品、一个卖点、一类人群、一个平台、一个时段。这一点非常值得我们文旅投资者学习。好多的文旅项目连最基本的市场定位、产品定位、品牌定位都没有，就敢几个亿甚于是几十个亿地投入，结果项目落成之日，就是苦难开始之时。而上述这些新品牌对于客户痛点的分析和把握，对于市场规模的研究和判断，对于自身品牌形象的极致重视，都是我们文旅行业所远远不及的。这一点，非常需要我们补课和抄作业。必须充分认识到，通过优质产品、关键KOL和社交关系，实现品牌信息的精准传递，当下的消费者决策机制已经被充分发展的社交媒体时代所重构。

第二是颠覆式创新的能力和本性。包括品类选择、爆点挖掘、渠道和传播上的孤注一掷。跟我们文旅行业习惯于借鉴和复制不同的是，这些新消费品牌的成功恰恰在于不走寻常路，把差异化、独创性作为生存的根本。比如在卖点诉求上，元气森林的 0 糖 0 卡 0 脂、三顿半的三秒即溶，都抓住了消费痛点，创造了尖叫。比如在渠道选择上，元气森林充分利用了便利店的优势。甚至在命名上，这些新消费品牌都让人耳目一新：完美日记、钟薛高、元气森林、三顿半、天生好命……一出现就光芒四射。

第三是杰出的内容营销能力。这些新消费品牌都 ALL IN 内容制造和社交媒体传播。钟薛高的创始人有一句著名的说法：一个月 5000 篇小红书足以让一个品牌平地而起。而完美日记在小红书的使用上更是达到极致，头部、肩部、腰部以及路人、素人一网打尽。它们的成功再次说明，内容生产能力是未来最重要的营销能力。

第四是对颜值的极致要求。无论是产品的包装、场景的呈现、内容的表现，还是消费者的体验感，都务求高颜值。其实在文旅行业，大家也可以看到一些颜值高的网红项目迅速崛起，文旅进入一个颜值时代，我们需要给景区和文旅项目增加更多的设计感和颜值。但也要看到，文旅行业从业者大多数出身传统旅游行业或地产等行业，对于设计感和生活美学的理解，与这些 80 后 90 后新消费品牌的掌门人还是有相当距离的。

第五就是预埋管线的能力。新消费品牌往往在产品设计阶段就为传播和消费场景预埋了管线，这使得它们在正式进入市场时，可以顺势而为。而文旅企业在产品打造时，往往是由开发人员和工程人员绝对主导，缺乏营销人员的提前介入，大多数基本谈不上销售和品牌推广的前置。

第六是闭环营造能力。新消费品牌往往通过巨量且精准的传播，俘获大量消费者，然后通过优惠、买赠等方式，吸引客户进入私域流量池，形成强大的私域流量矩阵，为下一步数据经营奠定基础。

最后一点，也是特别重要的一点，就是这些新消费品牌其实是挺讲究价值观表达的。比如完美日记所倡导的年轻人不被外界标签所束缚，努力突破自我，积极探索人生更多可能，遇见更优秀的自己，以及在营销活动中对于人文、宠物、环保、女性主义等主题的表达，都让年轻消费者非常受用。

说了这么多，是否我们文旅行业学习、借鉴一下就可一飞冲天呢？其实不然。文旅行业的确可以从这些新品牌得到不少启发，但全盘照搬他们的经验既不现实，也不可能。所以，我的下一讲是：元气森林完美日记钟薛高你学不到！

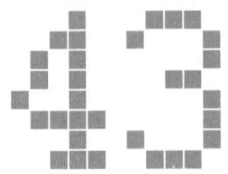

元气森林完美日记钟薛高你学不到

上一讲,我们分享了元气森林、完美日记、钟薛高等新消费品牌的崛起对于文旅行业的借鉴价值。这一讲我们要来唱唱反调,说一说元气森林、完美日记、钟薛高你学不到。

为什么这么说呢?

一、新消费品牌的崛起路径有一点很相似,就是都只抓哑铃的两头,即研发和市场营销,而将生产环节委托给生产厂商。

这样做的好处在于他们可以将资金和资源集中在最重要的环节。而文旅行业则是典型的重投资,即将巨量的资金投放在项目的建设上。资金分配上用于营销和品牌建设的费用本来就有限,再加上文旅项目的成本控制相对难以精确,项目往往会超出预算,这就使得营销的费用更加捉襟见肘。不少企业往往在项目建成后,费用已基本消耗殆尽,于是所谓品牌建设和营销攻势也就无从谈起了。

二、新消费品牌狂飙突进的背后是金融资本的撑腰。

他们的目的是快速实现上市。这就使得新消费品牌的成长速度非常快,大进大出,通过前期的巨大投入、亏损,抢占市场,获得资本市场青睐。所以他们烧钱的力度非常大。而文旅企业大多依托于自身资金或银行贷款,很难承受大规模亏损的压力。这使得文旅行业整体的营销理念比较保守和克制。

三、新消费品牌十分注重产品的研发和市场测试，往往采取小步快跑、快速迭代的方式。

这对于文旅企业来说也是不可想象的。文旅产品尤其是大型文旅产品由于投资大，沉没成本高，很难快速迭代。如果前期策划不准确，后期基本无力回天。

四、新消费品牌在营销上死磕大品牌顾及不到的细分市场，重点投放小红书、抖音等社交媒体。

这种营销打法更像是游击战、运动战，根据目标细分人群的数据画像来规划产品，驶上便利店崛起的快车道。而文旅企业（尤其是比较大型的）则不然，一方面受限于产品的特性，另一方面，由于文旅产品大多面向区域市场，基本没有像快销品这样的纯粹的全国性市场，导致很难坚定地定位某个细分消费人群，这就使得它的传播锐度会受到损耗。

文旅产品的营销更像是攻坚战、阵地战，其机动性、灵活性与快销品是不可同日而语的。套用曾国藩的话来说，文旅项目的经营就是要结硬寨，打呆仗。

五、新消费品牌大多属于快销品，单价低、复购率高。

相较而言，文旅产品单价高、复购率低，品牌和营销的单位产出要低得多。所以，通过短时间、大规模的投入来占领消费者心智的打法不适合用在文旅产品的经营上。

文旅产品的经营必须寻找到适合自身行业传播特点的方式方法，比如娱乐化营销法和企业媒体化思维等。这是我们反复强调的。大家有兴趣可以回看过去的内容，了解我们时代文旅在文旅行业所总结提炼出的这套战略性的工具和方法，相信对大家一定会有很好的启发。

总而言之，新消费品牌的成功经验的确值得文旅行业从业者认真学习借鉴和思考，但这些方法未必完全符合我们这个行业的规律，而且，这些新经济品牌的可持续性尚待时间验证。必须既认真研究学习其思维和理念，再结合自身行业的特性，才能举一反三，有所收获。

第三部分
趋势研判

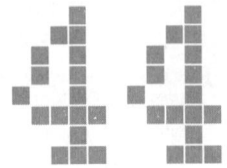

文旅行业决胜未来的六大能力

我经常思考一个问题：未来文旅行业的趋势和方向是什么？企业家和从业人员需要具备什么样的能力才能决胜未来呢？

丹尼尔·平克的《全新思维》很好地解答了我的问题。在丹尼尔·平克看来，未来将由信息时代进入概念时代，而概念时代属于那些拥有全新思维能力的人，**也就是拥有设计感、娱乐感、意义感、故事力、交响力、共情力等"三感三力"的人**，这种人被称为具备"高概念"和"高感性"能力的人群。

高概念能力包括：创造艺术美和情感美，辨析各种模式，发现各种机会，创造令人满意的故事，以及将看似无关的观点组合成某种新观点的能力。而高感性能力包括：理解他人，了解人际交往的微妙，找到自己的快乐并感染他人，以及打破常规寻求生活的目标和意义的能力。

如果说过去几十年属于某些特定思维的专业人士，例如工程师、建筑师、律师、技术专家等，那么在未来，我们曾经认为无足轻重的能力，即右脑的创造力、共情力、娱乐感和意义感，将越来越决定谁会蒸蒸日上，谁将举步维艰。

最近几年在文旅行业兴起的一些被我们称之为"新物种"的产品，背后的创造者就是具备这样能力的人。我们都应清楚，过去那种靠拼资本、拼资源、拼规模，或简单复制，或创造性模仿的文旅产品打造方式已不合时宜，在一个"设计师就是改变的缔造者""人人都是个人生活策划者""提升交响力""学会理解他人""娱乐成为态度""发现生活中的幸福"的时代，未来将会有大批基于上述能力而产生的有原创性的、小而美的产品出现。

强烈给大家推介这本我认为文旅人必读的书——《全新思维》。另外，日本人山口周的《新人类时代》与《全新思维》有异曲同工之妙，它给出了新时代精英的 24 种思考和行动方式，明确提出，在当下这个时代，"找出正确答案的能力"已经失去价值，"艺术"和"审美"正在成为关键因素。

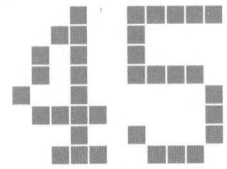

文旅可以赋能一切吗？

我们在讲到新文旅这一概念时，提出了"一切皆文旅"及"文旅赋能一切"的观点。

一方面，很多行业都已进入文旅行业的赛道，另一方面，文旅也在为其他行业赋能，尤其是文化。

不仅文化、创意需要产业化，更重要的是，产业必须文化、创意化。作为这个时代最令人瞩目和最具拉动力的产业之一，文旅行业不仅保持着两位数的 GDP 增长，而且将成为其他产业快速成长的加速器。这是一个需要并且必须拥抱文旅的年代！

2022 年 7 月，我应景德镇三宝蓬艺术聚落朋友之邀到景德镇考察。这一次，过去想象中的那个环境污染、遍地烟囱的城市已经不复存在，展现在我面前的是一个充满艺术、文化、旅游气息的崭新城市。

这里的古窑、御窑，经过文旅化运作，成为广受欢迎的景区；陶溪川在文化创意的加持下，成为即便放在一线城市也不落下风的国内著名文化创意产业园；三宝蓬艺术聚落也被我的朋友们打造成宜居宜作的艺术微度假的目的地。大量工作室和创意市集的出现，丰富了城市的艺术细胞，徜徉在景德镇，处处是历史，满眼是文化。景德镇完全成为一个艺术之都、创意之都、旅游之都。

文旅赋能一切的经典案例当属日本越后妻有大地艺术祭。通过艺术的介入，越后妻有这个凋敝的村落成为世界级旅游目的地，每年吸引大量全世界游客前来观摩、打卡、朝圣。

轻井泽是日本另一个世界级的度假区。除了夏天避暑、冬天冰雪运动的自然条件优势外，轻井泽还是一个富有艺术气息的地区。石之教堂、高原教堂，轻井泽绘本之森美术馆、千住博美术馆、轻井泽现代美术馆，堀辰雄文学纪念馆，隶属茑屋书店的轻井泽书店等文化艺术设施，迅速提升了这个"东京后花园"的格调，让来自东京的游客乐不思返。

文创化还可以有效提升产业的价值，倍增产业的产出。同样是雪糕，有造型的雪糕和有 IP 的雪糕，就有相当大的溢价。同样是农副土特产品，文化创意元素介入后，就身价倍增，如中国台湾的"掌生谷粒"大米。

文旅赋能旧街区、旧厂房的例子更是数不胜数。北京的 798、深圳的大筒仓、合肥的合柴 1972、成都的宽窄巷子、苏州的姑苏八点半等，都是很好的例子。

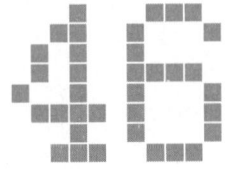

文旅项目没有前策会死吗?

最近,不少企业在项目筹建阶段找到我们,我认为这是一个非常好的现象。

成功的项目各有各的成功,但失败的项目都是相似的。如果没有正确的前期策划,项目的失败机率是非常高的,尤其是投资动辄十几亿、几十亿甚至上百亿的文旅项目。

有句话说,后期营运中流的血和汗,就是前期策划设计时脑子里灌的水。国内的许多项目,完全没有前策意识,既不考虑项目所在区域的竞争环境、市场容量,也不考虑产品的独特性、差异性;既没有品牌定位,也没有为项目的未来经营预埋管线。

一个好的项目前期策划应该在项目进入设计和施工之前,帮助投资者解决好如下几个问题:

一、**做好产品定位**。

即明确以下问题:你的产品的竞争对手是谁?它与竞品相比有什么独特性和差异性?你的产品业态的构成应该是怎样的?

二、**明确市场定位**。

即明确以下问题:你的项目面对的是哪部分人群?针对的是全国市场还是本地市场?你的目标客群是否足够支撑你的营收?他们需要什么样的产品和服务?

三、完成品牌定位。

即明确以下问题：你的项目提供给消费者的价值是什么？它与当地政府、社会、媒体、消费者的共情点是什么？

四、预埋经营管线。

即明确以下问题：第一，未来它在经营中，有哪些环节和场景是需要提前预设的？如针对未来可能的大型盛典，需要预设多大的广场空间才足够？针对社会化营销和 UGC 传播，应该设置和打造怎样的场景？针对更有竞争力的复合型经营，需要提前安排哪些业态组合？等等；第二，你是否在产品打造之初，就可以获得其他品牌的支持？这一点延展解读一下。迪士尼每一个新的园区开张，都会自带一批品牌客户的赞助。迪士尼与这些企业的合作，不仅让它在资金上获得了直接回报，而且在品牌联合推广的过程中，极大地借助了合作品牌的声誉、渠道和客户，取得了很好的效果。国内的景区往往缺乏这样的意识，即便有，也是发生在园区建成之后。实际上，对于那些有更高志向的企业来说，如果策划得当，完全有可能在园区建设阶段就与其他品牌展开合作，共建场馆和项目。这样的合作，对于希望借助园区这个沉浸式广告载体的品牌来说，也是一个更富于创造性的机会。

五、明确景区的主题和 IP 打造。

即明确以下问题：什么样的主题和 IP 适合这个景区？去哪里找这样的 IP？成本概算如何？有没有可能在景区建设过程中主动出击，与内容制造商一起共同打造主题和 IP？

六、准确把握投入预算。

这是最重要的一点。很多项目由于缺乏对文旅行业底层逻辑的了解和对文旅项目成本的把握，在建设过程中往往出现大幅超支状况。这种情况的出现，会给投资者和项目的后期运营带来极大的压力。

除上述问题外，在进行项目前期策划时还应知道，所有的景区未来都将是混合型消费，那么，除了门票经济、餐饮和衍生品收入外，景区还有可能引入什么样的消费业态？景区未来能否成为收门票的商业综合体？除了原有的线下交易场景外，是否需要搭建自有的线上传播、交易和私域流量平台？

总之，前期策划对于一个项目的成败，具有决定性的影响。文旅项目没有前策会死吗？是的，不仅会死，而且会死得很难看。

第三部分　趋势研判

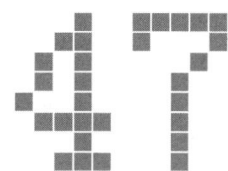

为什么文旅产品鲜有爆款？

我经常在思考一个问题，为什么文旅行业很少出现爆款产品？甚至，从某种程度来说，哪怕是文旅企业的经营者，对于自己的产品推出后是否符合市场需求，其实也大抵是没有把握的。这是为什么呢？

这与文旅行业还是一个极度重视经验和直觉的行业有关。这个行业的经营者通常要么根据过往的经验来做出决策，要么直接照抄作业，把国外的模式和产品直接套进中国市场。他们最缺乏的一样东西，就是大数据分析。

现在的文旅行业的数字化或智慧化，还仅停留在支付、园区导游服务、现场监控等阶段。

我们在其他行业其他企业身上所看到的情况，甚少在文旅行业发生。以今日头条和快手为例，它们不是媒体公司，而是真正的互联网公司，因为它们的客户分析、大数据积累、算法等数字化技术的使用，使得它们在消费者洞察方面有着较强的把握。同样，类似小米这样的公司之所以能够持续推出爆款产品，也有赖于它们对消费者痛点的精准把握。美国的流媒体奈飞的成功之道，也正是基于大数据的分析。它通过大数据，对剧情、角色人选、题材等提前做出预测，按图索骥，效果十分明显。比如，《纸牌屋》的成功就是一个典型案例。

大数据分析,不仅可以帮助企业找准产品的方向,而且可以节省投资成本,让企业把投资聚焦于消费者真正的痛点。企业投资成本的控制意味着产品竞争力的提升。

其实,有一部分中国的头部企业已经积累了大量的数据。他们在投资新项目或者异地发展的时候,完全可以通过大数据分析,得到更加科学的指引。

很遗憾,中国文旅行业似乎还没有出现这样的企业。

第三部分 趋势研判

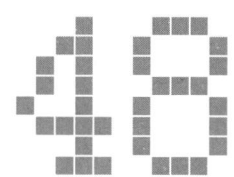

为什么美感的力量那么重要？

前一段看日本独立研究者山口周的书比较多。他的《美感的力量：不确定世界中的理性和直觉》在决策、创新性思考、组织管理、人才培养等领域引起了一系列的改革和讨论，并获得了日本商业图书奖银奖、日本 HR 大奖图书部门奖。

山口周发现了一个现象：传统商学院 MBA 的报考人数在下降，而大量跨国公司将公司骨干送进了艺术院校或美术学院开设的高级管理人才培训班；大约十年前斯坦福大学正式设置了"设计思维"的教学项目，它将创造力和领导力结合，这与以解决问题为主导的"逻辑思维"有所不同；纽约大都会艺术博物馆和伦敦泰特美术馆的"策展人指导鉴赏"活动，参与者越来越多的是身着西装的商务人士……他把这些观察总结为：企业雇主希望跨国公司的储备管理者在掌握以前那些逻辑性、理性技能的前提下，再获得直觉的、感性的技能。

为什么全世界的精英都在锻炼"美意识"，是因为他们深刻地认识到，此前那种以"分析、逻辑、理性"为核心的单一经营理念，也就是"注重科学的决策"，已经无法在当今这个复杂且不稳定的世界格局中主导商业的命脉了。

因为逻辑和理性存在着增长的极限，而我们已进入一个仅凭"逻辑和理性"无法取胜的时代；因为全球市场已逐步转向"自我实现需求市场"，刺激消费者"尊重需求"与"自我实现的需求"等"感性"和"美意识"变得更为重要；因为规则的制定滞后于系统的变化，要想持续制定出高质量决策，就不能仅依赖明文规定的规则，还需要培养内在的、可以判断"真、善、美"的"美意识"……

当然，山口周也没有否认"逻辑"的重要性。他认为，"逻辑"与"直觉"都是高层次的决策模式，片面地认为二者中的任何一方落后于另一方都是危险的想法。正是基于这种认识，他才提出现在的企业经营过于偏向"逻辑"，所以他需要大声疾呼。

在他看来，过度依赖"逻辑和理性"存在着几个显而易见的问题，一是决策效率。好的、伟大的商业智慧和决策往往就是灵光一现；二是很难产生差异性。因为大家的思考模式都是一样的，最后产生出来的结果就是"差异化消失"。

山口周认为，"艺术、科学、手艺（执行力）"的平衡对健全的经营至关重要。但"艺术"应该置于首位，甚至，最高领导最好是"艺术负责人"。

对于山口周的观点，我高度认同。我认为，他的观点尤其适合文旅行业。无论是国外的迪士尼，还是国内的长隆、阿那亚、乌镇，在产品设计和经营理念上，都是非常重视"艺术"的。

这个观点同样适合具体的营销工作。我一直认为，营销既是一门科学，但更是一门艺术。它需要数据支撑和科学分析，但更需要想象力。它需要了解营销的技术、经营的数据、产品的细节，但更需要艺术的素养和积累。

我特别反对那种动辄拿数据和调研说事的人。他们让企业成为被技术操弄的机器。如果只看数据和调研，那就永远不会有WALKMAN和IPHONE的诞生，市场上出现的也永远只会是更好的马车而不是福特的汽车。

一个企业，在营销和品牌建设上如果想喝到"头啖汤"，需要不断引领行业，同时企业的相关负责人也必须具备"美感"和"直觉力"。这里所说的"直觉"不是拍脑袋，而是基于经验和商业逻辑的判断。拥有直觉很难，但更难的是直觉的被重视和被接受。它需要最高领导的认同，需要对企业内部反复的教育，更需要过往自我业绩的证明。

我们为什么要重视节气营销？

大家都知道，节点营销是景区营销非常重要的环节。过去每个景区都非常重视五一、十一、春节、暑假这些重要节点，后来为了开发消费者的需求，又不断引进或制造了一些节点和节庆活动，如万圣节、圣诞节、情人节、双十一等。

2022年，节气又成为景区营销的抓手。

二十四节气是我国传统文化中独特的时间观念的表达，背后蕴含着无穷的中国智慧，具有非常悠远深厚的文化内涵。正因此，北京冬奥会开幕式倒计时以二十四节气作为设计灵感，就极大地凸显了中华传统文化震撼之美，能引发强烈民族自豪感。

在收获国人广泛关注度的同时，"二十四节气"贯穿全年的独特的时间表达方式为品牌营销提供了另一种时间维度，在品牌发声时间坐标轴越发拥挤的情况下，为品牌提供了新的发声窗口。选择在这一时间点发声的类型愈发多元，表达形式也愈发丰富，从以往的千篇一律的海报，到如今的精品视频、刷屏H5甚至为节气发布歌曲等。

众多城市纷纷整合本地旅游资源，融合二十四节气，形成独特的文化旅游线路和产品开发形式。如北京的"二十四节气"主题游线路、浙江宁波的"二十四节气农耕文化系列活动"、山东聊城的"跟我二十四变"旅游营销活动等。

此外，河南卫视以二十四节气、非遗项目、历史人物等传统文化元素为抓手，推出"中国节气"系列节目，通过景区合作等方式，将"中国节气"的品牌IP深度植入文旅项目，持续赋能河南旅游。浙江卫视全新打造的《中国好时节》，则以二十四节气为依托，55分钟、9个节目，用厚重的历史建筑和秀美的河山为背景，为观众朋友们精心烹制了一道文化大餐，成功打响了提振地区文化自信的又一枪。源源不断的《春分奇遇记》《立夏奇遇记》《中国好时节》等节目，将直接提高在地文旅品牌高度，为当地景区赋能、背书，成为以文促旅的典范。

2021年的芒种时节，只有河南·戏剧幻城结合幻城里的麦穗，举办《麦熟城开》开城纳客仪式，且游客出园时，还可以收到一束新麦穗。这不仅是心意、礼物，更是信念的传递。2022年的芒种时节，幻城继续开展"共赴一片金黄"活动：凡上一年6月6日来过幻城的，今年6月6日当天凭原购票信息可免费入园。这一宠粉动作引发朋友圈刷屏，赢得了良好的口碑。

为什么我们要推崇新物种

2021年,时代文旅操办的中国文旅新营销峰会的主题是:新文旅、新物种、新拐点,我们向大家推荐了一批中国文旅行业的新物种企业。

我们认为那种对文旅行业的趋势有敏锐的判断,与过往经营模式有明显的差异,技术上有突破,以及能够体现文旅行业最本质价值(即人文)的项目,都称得上是新物种。它们并不一定在当下就呈现出生意上的火爆,也不一定规模很大,但它们代表着可能的趋势或方向。

在我看来,新物种具备一种发现之美、创意之美、人文之美,它会让我们对于生活和工作的美好心存期待。

我们的行业和企业需要突破和尝试,而这些新物种正是那些较早感知到变化,而且勇于做出改变的企业。它们对于春江水暖的率先感知,将对整个行业带来借鉴和启迪。

这些新物种包括阿那亚、只有河南·戏剧幻城、SLEEP NO MORE、南京喜事、这有山、超级文和友、喜林苑、亚特兰蒂斯、朵拉萌宠乐园、不夜城系列、博涛巨兽系列、顺德华侨城PLUS、MELAND CLUB、奇幻森林、戈壁天堂、和平果局、钟书阁等。

这些企业,有的已经是行业的头部企业和标杆,有的是某个领域的开创者、领跑者,有的是我们称为"新物种"的新型文旅业态,有的则是在文旅商业逻辑上呈现出与众不同的思考。在这些项目身上,我们看到了一些共同点:

一、创意取代了资本,成为项目最重要的驱动力。

二、项目对人的精神生活的关照替换了过去对物质生活的满足。

三、强大的内容引爆能力。

四、有温度的社群营运能力。

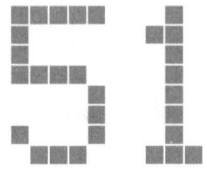

如何在抖音玩转文旅营销？

抖音捧红了很多城市以及景点。不少原本默默无闻的小地方被15秒抖音带火了，像重庆的轻轨、厦门的冰淇淋、西安的摔碗、安徽的黄山看云海、青海的天空之镜、大唐不夜城的不倒翁姐姐……

那么，景区在利用抖音玩转文旅营销时需要注意什么呢？

首先，要注重产品品质。做不到这一点，即使意外走红，也只会是昙花一现。

其次，景区要根据自身的特色做内容营销传播，通过内容链接更大的世界，通过内容刻画更真实的世界传递给用户，吸引用户过来打卡。

最后，要综合性地利用好抖音平台上的各种工具和手段。

以古北水镇为例，它利用自身的秀丽风景和极具特色的夜景，采取景区自制内容与达人内容的有效配合方式，不断地在抖音向用户输出短而精的美景视频，同时结合抖音的营销玩法开通POI地址，根据不同季节的不同景色，设置不同主题的团购套餐。和达人合作开启的沉浸式走播形式，达到的推广效果非常好，首场直播在线观看量100万+，用户通过直播边浏览边下单。这一系列营销策略让古北水镇在抖音的月均交易额增长200万+，粉丝增长50%。

相似案例还有北京环球影城在春节期间抖音上线"北京环球影

城欢聚票（4人同行）"的团购套餐，通过景区自播+达人短视频+热点带动POI的组合促交易：环球影城进行自播宣发的同时，以"环球中国年"为主题，联动大量达人入园进行内容创作拍摄，带动包括新票在内的多票种售卖，相关视频成功冲击热门榜单，在榜观看量达近400万，达成S级热点，交易增长1000万+，短视频GMV600万+，POI交易环比增长282%，期间明显带动北京环球影城的交易成交额大幅增加。

抖音营销的方法很多：直播、自有账号视频带货、大量达人视频带货、员工矩阵号+UGC带货等。景区需要有明确的自我认知，找准定位，在抖音平台上复刻一个线上的文旅景区。PGC文旅商家自制内容，可塑造品牌拉动交易；OGC达人内容，可借势实现高效触达与转化；同时可借助UGC用户内容，让真实口碑带来持续传播与裂变效果。这样，以内容重塑消费链路，认领POI门店，实现线上线下门店一体化，激活全新生意场；分析景区人群需求，配置优惠套餐，在多渠道露出，用户浏览时实现边看边买，快速下单，最终实现线上流量变现，增加营收。

一个好的文旅项目，只要读懂用户需求，找准定位，在抖音配备一个有噱头的主题，搭配适合的平台营销玩法，想要出圈并不难。当然，前题是一定量级的投入。

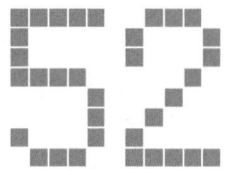

用社群激活并连接用户

企业自媒体也好,或者私域流量也好,怎么才能把它最后转化为销售?其实很重要的一点,就是善用社群的力量。经常有一些企业声称自己拥有多少粉丝、多少用户量,但以我过去的经验来看,这些用户和会员与企业基本没有互动。

对企业来说,无论粉丝、用户量有多少,它们始终只是一堆冰冷的数据,你必须得设法让这些数据变成活生生的人。也就是说,必须去交流、互动,让他们对你产生信任感,产生认同感,甚至产生崇拜感,或者至少产生平等交流的共鸣感。所以**社群的建设也是未来企业非常重要的一个战略。每个企业都要通过社群的建设,跟自己的消费者建立共同的理念,或者让消费者认同企业的理念。**

阿那亚是一个在社群经营上非常成功的企业。这个房地产企业现在拥有1000多人的业主微信群,总共有48个分群,从时尚、投资、运动、音乐、戏剧,到美食团购、业主互助等,业主之间、业主和企业之间,形成了高度的黏性和向心力。通过社群营销,阿那亚很好地实现了品牌传播和销售,90%的销售均来自社群里熟人的推荐。

可见阿那亚的成功,无论有多少因素,社群经营肯定是其中非常重要的一个。

社群经营的重要性越来越被大家所认知。但是,如何才能做到像阿那亚那么成功呢？我觉得主要应注意几点：

一是品牌的主理人必须亲自参与到社群的建设中。

比如阿那亚的创始人马寅和正佳集团的 CEO 谢萌，就是社群的发起者和最积极参与者。

二是要有良好的心态。

在社群里，需要有平等甚至谦卑的心态。唯有如此，才能与你的用户拉近距离，大家才能同频共振。

三是要有共同的价值观，包括民主、透明的机制。

当然，利益共享机制也是不可或缺的。这个"利益"不仅指物质、经济利益，也包括基于共同爱好实现的精神诉求。

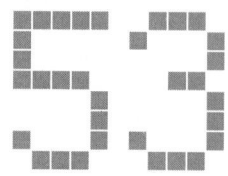

这个世界还会好吗？

三年疫情，极大地改变了世界和中国，也极大地改变了人们的价值观、生活态度，正如雷军所言，在跟行业的伙伴交流沟通时，大家一片愁云惨雾。很多企业很多文旅人的信心可以说已是强弩之末。而且，让大家尤其不甘的是，这些困顿并非来自自我的能力缺失或经营失误。

在不同的场合，我都表达了对文旅行业的乐观态度。我认为，只要疫情结束或防控政策松动，文旅行业的复苏是完全可以期待的。

为什么有这样的判断？

第一，文旅消费已成为中国人的生活方式。一件事一旦成为生活方式，它就具备顽强的生命力和强烈的冲动。几十年前，中国人的旅游频次是一年一两次，最多数次，但时至今日，如果周末、节假日不跟家人、朋友出去玩玩，就会成为很多人的"生命中不能承受之轻"。

第二，中国早已进入人均 GDP 一万美元的行列。这意味着中国已进入休闲度假消费时代。

第三，供给侧在不断创新需求。彼得·杜拉克说，企业存在的意义就是创造需求。通过各种营销活动，比如造节等，景区在不断创造新的消费机会；而在一个一切皆文旅的时代，中国文旅已进入百花齐放、百家争鸣的阶段，各种新业态、新物种层出不穷，而这些新的刺激，也在不断制造消费欲望。

第四，中国较晚进入文旅融合时代，文化对于旅游的赋能、旅游对于文化的放大，还远远没有达到应有的成效。这里面蕴藏着巨大的潜能。故宫文创、敦煌文创，节庆奇妙游、节气××游，八点半概念激活城市夜经济……一切皆有可能。

第五，在国家战略引导下，红色旅游和乡村旅游将成为未来的主流。尤其是乡村旅游，更是价值洼地。从观光旅游到微度假，再到乡村生活方式深度体验，是一个必然的过程。未来中国最奢侈的生活在乡村。

正是基于上述原因，我们可以想象，只要疫情消停，或防疫政策开放，景区将立马迎来回暖。甚至即便在疫情期间，我们也能看到有不少企业和业态逆势飞扬。

那么，我们应该如何应对这场疫情呢？

首先，对于文旅企业和文旅人来说，**长期主义价值观是必须的，这个行业比其他行业更需要老火煲靓汤，慢工出细活**。

其次，还要注意产品、业态和服务的创新。尤其要关注在全社会进入"低欲望社会"和越来越注重精神满足的背景下，对消费者消费意愿的洞察。我们需要"高感性"的行业从业人员。

当然，最重要的一点，就是"剩者为王"。一定要抛弃赚快钱、赚大钱、赚舒服钱的奢望。活下去，是最大的修炼。能够在这次疫情中存活下来的企业和从业者，一定是未来市场的王者。

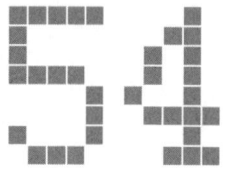

谁能引领未来生活方式？

2020年，我和暨大生活方式学院的院长费勇教授，以及广州美术学院设计学院院长、冰墩墩的总设计师曹雪老师联合开了一门两天的课程，叫"生活方式和商业转型"。

如果我们在打造产品或商业转型时主动去研究和拥抱生活方式的趋势和潮流，那么得到的结果可能是事半功倍。

从文旅行业的角度来讲，游山玩水是1.0时代的生活方式；主题公园消费体验是2.0时代的生活方式；而3.0时代的生活方式则是小众化的、同时满足身体和心灵需求的、与自然和人文高度交互的度假和深度场景体验。

生活方式的研究，可以让我们摆脱国内文旅行业目前简单粗暴的模仿及因此而导致的过重投资，为投资者找到小投入、轻资产、目标定位明确、可持续发展的商业模式。

那么，谁是未来生活方式的创造者？

好的文旅产品，尤其是生活方式级别的产品缔造者，一定是有情怀的、感性的、具备优秀审美能力和共情力的人。

这些人，其实就是丹尼尔·平克所说的高感性人群。

丹尼尔·平克说，这个世界正从一个讲求逻辑与计算效能的信息时代，逐渐转化为一个重视创新、同情心和整合力的感性时代。

这个时代属于一群具有创造力、有同情心、能洞察趋势，并赋予事物不同意义的人。这群人大概有以下六个关键性特质：

第一，不只创造功能，还重设计。

第二，不只阐述论点，还说故事。

第三，不只偏谈专业，还讲整合。

第四，不只求证逻辑，还会关怀。

第五，不只展示正经，还能玩乐。

第六，不只顾着赚钱，还寻找意义。

大家不妨对照一下，看看自己有没有具备成为生活方式创造者的潜值。

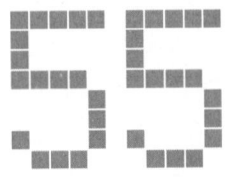

当我们谈论主流时代时，我们在谈论什么？

时代文旅每年操办中国文旅新营销峰会时，都会推出一个主题。这个主题代表着我们对于文旅行业当年及往后趋势的判断。我们还通过中国文旅先锋榜的方式，每年评选出一批代表我们对未来发展展望的鲜活案例。

2021年第四届中国文旅新营销峰会的话题是：主流时代。我们所谓的"主流时代"有些什么特征呢？

一是文旅逐渐成为人民生活的日常，以及美好生活的主要寄托，文旅在GDP中所占比例将逐年提高。

二是国家力量彰显，宏大叙事，国家政策主导攻坚方向，如文旅融合、乡村振兴、产业数字化等。

三是主流价值观（包含传统文化、红色文化等）充分表达，从文化自信上升到文化自觉。

四是文旅行业不断出现一些新的物种。这些新物种，正越来越从小众化的个别现象，发展成引领未来趋势和方向的主流。

虽然疫情后文旅长期持续向好的格局不可逆转，投资或从事文旅行业仍是一个风口之选，但是，根据国家政策风向趋利避害，仍是每个企业都需要思考的战略。把握主流方向是重中之重。

红色旅游毫无疑问将迎来最大的风口。各地都在深入挖掘本地的红色资源，争取在这一风口中有所建树。传统的红色景区如井冈山、延安等自不待说。一个"半条被子"的红色故事，就成为郴州文旅甚至城市的新名片，其带动价值非同一般。

但是，没有红色文化资源的地方是否就会缺席这一狂欢呢？也不尽然。《永不消逝的电波》虽然故事发生在上海，但如果这场"中国舞剧的天花板"出现在北京和广州，是否会违和呢？显然并不。红色旅游本身的主流色彩使它具备了广域性，精彩的内容和项目并不必然来自资源所在地。

文化和旅游的结合和相互促进将直接决定项目的成功与否。故宫、敦煌、三星堆、只有河南·戏剧幻城都是文旅融合的很好案例。而在赋能旅游的方面，湖南卫视和河南卫视也都做出了很好的示范。

我们还提示特别关注乡村旅游。从乡村扶贫，到乡村振兴，未来则是乡村度假、乡村生活。从目前的国内外形势判断，未来大量人口的回流农村，以及农村、农业与文旅产业的结合和互相促进，将成为一盘大棋。"广阔天地，大有作为"将不是过去时，而是将来时。

康养产业毫无疑问也是一个风口。随着中国社会老龄化的来临，养老不仅是痛点，也是市场机会。但目前的养老产业层次低、观念落后，与社会的需求有较大落差。反过来看，正因为如此，这种状况也预示着极大的机遇。

主流时代还要注意不应忽视小众兴趣和新物种的价值。在这个百花齐放、百家争鸣的时代，每个类型的企业和项目都有可能获得成功，从小众到主流将是一个普遍的现象——想想看，那些曾经非主流的民宿、博物馆、露营、音乐节、潮玩等，现在不都成为热门了吗？

56

消费者共创时代来临

2022年8月在长沙开会，听长沙旅游局的领导说起一件有趣的事：作为一座并不高大的山岳，岳麓山过去的游玩方式比较传统。前一阵子突然掀起了一股"岳麓山看日出"的风潮，于是岳麓山景区便顺应民意，提供起了"看日出"的服务。

这件事挺值得思考的。过去看日出，都要去海边、沙漠或泰山这样的名山，因为那些地方远离尘嚣，有更好的视线和隔世感，而在市中心的岳麓山看日出，听起来是一件匪夷所思的事。

但这正是互联网时代消费者共创的价值所在。

过去，我们的景区理所当然地按自己的逻辑打造产品，然后通过广告、营销，把产品推给目标人群。它们的逻辑是：我来决定消费者需要什么。但正如我之前所讲到的那样，由于景区的产品打造是凭经验进行的，没有大数据的支撑和消费者的参与，产品是否适销对路本身就存疑。即便适合市场，但在一个快速变化的市场环境下，也仍不能保证它一招鲜，吃遍天。我们在文旅项目的经营过程中，常会遇上这样的状况：你苦心孤诣推广的产品和服务，消费者并不太买账；而你不太在意的东西，反倒可能成为消费者关注的焦点。

也就是说，你想卖的，和消费者想买的，往往并不同步。那么，如果可以调动消费者的参与热情，为他们量身订制产品和服务，是否更加事半功倍？

在消费者价值共创方面，小米是一个典范。它在手机研发的过程中，通过社群力量充分吸收消费者的意见和智慧，使产品更符合消费者需求。这个共创过程所带来的更大价值是消费者的认同感。明星尤其是养成类明星的诞生，遵循同样的逻辑。粉丝与偶像之间形成牢不可破的关系，粉丝塑造了明星，并通过打CALL不断推高明星的价值。

在文旅项目的产品打造过程中，是否也可以发挥共创的能量呢？

我觉得是完全可以的。在产品的前策阶段，就应该预埋这样的管线，让相关人员和消费者提前进入，成为产品设计和创意的参与者和助威者。大数据分析同样也是发挥共创作用的一种手段。通过大数据，你可以精准地把握消费者的需求和动向，按图索骥地设计产品和服务。这个大数据，来自互联网平台的分享，如小红书、抖音、视频号、快手等，它们构建了反映消费者需求的清晰图像。

从长沙这个事例来看，如何把握好消费者的需求并及时反馈，也是一个非常重要的环节。文旅项目在经营过程中，会不断收集消费者的意向作为改进服务的依据，但却很少把它们作为改进产品和开发产品的依据，因为消费者的意见往往被认定为片段的、非理性的，未必具有代表性。但事实上，在一个小众引导大众的长尾经济的时代，消费者的灵光一现和"微表情"，很可能就潜伏着一个新的消费潮流。

比如，通过草莓音乐节、春浪音乐节等音乐活动，长隆敏感地捕捉到了消费者尤其是年轻消费者对于音乐的旺盛需求，因而在长隆水上乐园诞生了领先全国的水上电音节，在长隆欢乐世界诞生了音乐广场，长隆也成为广州的音乐地标。

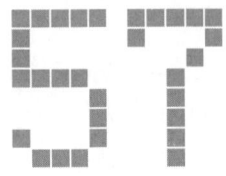

企业为什么要文旅化生存？

此前我们分享了一些长期思考得来的观点，提出了企业的娱乐化生存和媒体化生存的命题。现在，我们讲一讲企业的文旅化生存。

我们以地产行业为例。2022年2月16日，华特迪士尼公司宣布计划推出迪士尼住宅社区业务"迪士尼故事生活"，也就是说，迪士尼梦想家们将与开发商和房屋建筑商合作，共同开发充满迪士尼品牌魔力的居民社区。这个社区被称为"寻求探索、创新和灵感的好奇梦想家和实干家的终极目的地"。在这里，接受过迪士尼传奇宾客服务培训的迪士尼演职人员将运营社区协会。

迪士尼乐园体验和产品部主席乔什·达马罗称，他们正在开发令人兴奋的新方式，以便将迪士尼的魔力带给无论身在何处的人们，将讲故事扩展为故事生活。

迪士尼CEO鲍勃·查佩克也表示："华特迪士尼公司将在下一个100年继续定义娱乐。"

从迪士尼的计划可以看出，这个地产项目完全承接了迪士尼的品牌、创意能力、运营能力和价值观。它有着主题公园般的诱人主题，精致的环境氛围包装，童话般充满创意和想象力的设计和装修，丰富生动的社群活动和服务，令人怦然心动的价值主张和品牌影响力……这一切都决定了迪士尼的房地产一经推出就会被一抢而空。

迪士尼的这个动作对于国内的房地产企业很有借鉴意义。

国内的房地产行业以高周转作为 KPI，不仅同一品牌的楼盘各地千篇一律，不同品牌之间的差异化也不明显，更加谈不上楼盘的主题性设计包装和娱乐化运营。

中国房地产所打造的社区往往是封闭和有隔膜的。同一栋楼的住户，甚至门对门的住户长期老死不相往来是普遍现象。这样的地产和社区毫无温度而言，它只是一个钢筋水泥材质的遮风避雨空间而已。在这样的地方生活，当然也不存在什么生活情趣和内容。因为当地产商实现销售回款后，他们的任务就完成了。他们既没有义务也没有心思为业主创造额外的价值。

好在国内已有一些房地产企业开始了类似的实践。例如阿那亚。它针对上面这些痛点，通过精心建筑营造话题传播，通过社群创建熟人社会，通过丰富多彩的活动营造有品质感的、文艺的生活调性，通过共同价值增加业主的荣誉感和认同感。所以，阿那亚一点都不像其他的著名房企。当其他房企还在做"文旅+地产"时，阿那亚已经把自己变成了"文旅"项目。它是国内企业文旅化生存的最好例子。

除了迪士尼和阿那亚，河北的春山里、浙江的安吉桃花源、蓝城系列以及广东的熹乐谷，都呈现出文旅化生存的态势。

最后总结一下，所谓房地产的文旅化生存，就是指用文旅行业的逻辑和思路来做房地产。它要求企业具备如下能力：

一、创造或运营 IP 的能力；二、建筑与环境设计能力；三、社群运营能力；四、内容制造能力；五、活动策划能力；六、价值观和生活方式引领能力。

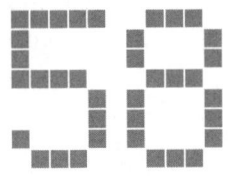

中小企业如何成为大型文旅产品的插件？

很多中小企业都看好文旅行业的发展前景，希望在文旅行业分一杯羹。

国内的大型文旅项目有两类生成模式，一类是通过重型投资来建立竞争优势，这种模式往往有既定的产品模型，中小企业几乎没有跻身的机会；另一类则是精工细作，依靠优秀的运作和创意能力打造独特竞争力，对操盘人的整合能力要求较高。

由于这些操盘手需要各类资源的支持和配合，在这个过程中，就会溢出很多给中小企业的机会。从事内容生产、技术保障、表演、创意、活动策划等工作的公司，要根据上游企业的需求和行业的发展趋势，打造自己的核心竞争能力，形成定制化产品，既可随时插入系统，形成配套能力，同时又可以快速复制，形成规模化的优势。一旦你的产品具备独特的、高性价比的竞争优势，就会在这个风口获得成长机会。

博涛文化的巨型机械装置最近频繁亮相国内各大文旅项目，就是上述"插件"的一个典型案例。

我的朋友刘琼雄是《城市画报》前主编。他是一个很有前瞻思维和创意的人，在《城市画报》期间，打造了不少著名品牌，如国内最早的创意市集、荒岛图书馆等。现在，他的自力市场也成为很多文旅项目的插件。

书店现在已成为很多文旅项目的标配。除了茑屋书店外，钟书阁、先锋书局、唐宁书店、方所等，都是景区追逐的对象。

而周箫打造的沉浸式表演已分别落地《南京喜事》和《厦门喜事》，它成为城市品牌推广的插件。

新起的一些业态，如萌宠乐园、小剧场、剧本杀、网红产品设计机构、IP拥有机构，甚至博物馆资源，也均是插件的很好形式。

大型音乐节如草莓音乐节、风暴电音节、迷笛音乐节等，都已成为一些城市品牌推广的热门选择。但这些大型音乐节往往成本高昂，景区消受不起。能否打造出精致、小型、长期的音乐品牌向景区输出呢？这是一个各音乐公司老板们可以思考的问题。

从 B 端杀到 C 端
是制造企业换道超车的机会

2021 年 6 月，季高集团自主投资运营的季高兔窝窝亲子园开业。这是这家创业 7 年的无动力设备设计和生产企业迈出的一大步，他们自此形成了覆盖 B 端和 C 端的完整产业链。

截至 2022 年 6 月 1 日，季高兔窝窝亲子园两年累计接待游客 120 万人次，累计售出会员年卡 3 万余张。其中 2021 完整年度共接待游客 70 万人次，全年营收超 3000 万元，利润超 1500 万元。

2022 年 9 月 24 日，位于上海佘山国家旅游度假区月湖雕塑公园内的第二座亲子乐园揭幕。季高兔窝窝 PANCOAT 乐园占地总面积约为 70000 平方米，投资金额 1.2 亿元。项目聚焦亲子家庭与研学客群，围绕季高集团原创故事"摘月计划"来展开乐园内六大沉浸式主题场景打造与业态创新，融合季高兔窝窝原创 IP "兔飞"和红纺文化旗下 PANCOAT IP 中的多个经典大眼睛卡通形象，推出大体量挑战的高塔组合、刺激震撼的高空滑道、时尚潮酷的拍照打卡点、梦幻艺术的主题游乐设备等，容纳多达 32 组游乐区域、100 多种游乐设施玩法，打造具有高颜值、酷玩法、潮话题的全新亲子休闲娱乐消费场景。

至此，季高集团已在大上海东西片区各落一园，逐步形成对全上海 2500 万客群的基本全覆盖。

同时，季高集团正快速在全国布局落子，目前正在快速推进如苏州、长沙、武汉、滨州、连云港、云南抚仙湖等多个项目的设计和落地，2023年预计至少会有3家季高兔窝窝落地迎客。未来，季高集团会保持至少每年开业3家亲子乐园的速度快速扩张，力争在2030年实现全国签约+落地的乐园数量达到50个，为中国家庭打造更多亲子欢乐目的地，立志成为中国亲子休闲度假领域的领军企业。

后疫情时代，文旅市场出现了一些新的趋势。小众化、高频次、更亲密的互动亲子体验成为刚需。这为这个行业的新进入者提供了一个换道超车的机会。这些新进入者往往具备强悍的产品和服务能力，而无动力和小型亲子乐园是目前文旅行业的小众市场，传统巨头们目前尚无心思介入，如果能在两三年之内迅速形成品牌优势，那么季高将会成为行业内的黑马和垂直领域的领导品牌。

从B端制造商转变为成功的C端供应商，这样的例子不少。比如德国的欧洲公园，再比如国内的方特。

季高在12年的发展历程中，经历了多次重大战略转型，从"卖设备"到"卖方案"，再到"卖工程""做产品"，最后是"做产业"，成为"亲子休闲度假产业投资运营商"。这个路径，很值得有志于C端的B端企业参考。

季高的尝试给那些曾经的B端服务企业一些启示：

一、**最好的B端品牌是那些能够同时玩转C端的品牌；**

二、**直接到C端抢占市场，可能是一个比坐等设备和服务被采购更好的选择；**

三、**疫情后，一大批原来的B端企业，将成为文旅市场的新力量。包括我们在其他讲会重点讲到的励丰文化和博涛文化。**

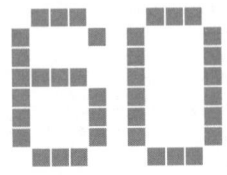

《西部世界》是沉浸式体验的终极形态

《西部世界》相信好多朋友都看过。这个 HBO 生产的电视连续剧目前已播出三季。

该剧讲述了在一个以西部世界为主题的巨型高科技成人乐园里，游客们在这里寻求杀戮与性欲的满足。随着接待员拥有了自主意识和思维，他们开始对这个世界的本质产生了怀疑，进而觉醒并反抗人类的故事。它描述的是在虚拟世界里发生的故事，是一个科学幻想的作品。

相对于这个片子的价值观和哲学思考，我更关注这个连续剧对于未来我们主题公园建设的启发。

我觉得，在可以想象的未来，《西部世界》应该是人类主题乐园的终极形态。因为这个产品不仅满足了人类的好奇心，而且满足了人类的本性：在不需要承担法律和道德后果的前提下，人类充满了对于欲望的无穷追求。快意恩仇、随心所欲、明火执仗、杀人放火……这也许是文明社会的禁区，但是却有可能是每个人内心深处的原罪。

这样一种对于人类欲望的满足，将颠覆目前所有的主题公园所给予人类的想象和服务。现实生活中被禁忌的欲望，像被打开的潘多拉盒子，将盛开出罪恶之花。这种体验可能比吸毒更令人难以自拔。

但好在这样的宣泄是可以被掌控的。《西部世界》里的恶棍的经历,不妨碍游客回归现实生活后成为彬彬有礼的绅士;现实生活中积压的沉郁,也可以通过花费不菲的消费得到缓解。

跟《西部世界》比起来,我们的主题公园现在所拥有的沉浸式体验还处于1.0或2.0阶段。

以现在的机器人和人工智能的发展速度,《西部世界》高度仿真的人造人应该在不久的将来就会出现。那个时候,我们将会获得真正的、灵与肉交融的沉浸式体验。

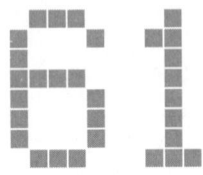

如何在下沉市场中找到文旅商机？

下沉市场，指的是三线及以下城市、县镇与农村地区的市场。这个市场有多大呢？

据国家统计局的资料，三、四线及以下城市人口在全国人口中占比高达 77.55%。《小镇青年消费研究报告》分析，小镇青年将成为今后十年消费市场的主力军，预计到 2030 年，三、四线城市居民消费将达 45 万亿人民币。

对于文旅企业来说，下沉市场存在着什么样的机会呢？

首先是投资机会。投资规模小而替代性强的产品在下沉市场会很有机会。相对而言，这里的人群对品牌的忠诚度不高，对价格敏感，而且空闲时间相对较多，他们往往会选择就近消费。这些年，有一些小型的动物园、游乐园、水上乐园和新型文旅业态都能在下沉市场找到生存机会，尤其是疫情期间和节假日。

其次是大型文旅企业应该在这些市场获得更多的客源。就目前而言，大型文旅品牌在这些地区的渗透，还是远远不够的。以广告投放为例，很少大品牌会将广告投放到下沉市场，也很少在这些市场布置兵力。

最后是针对下沉市场的营销模式的创新。与一线城市的信息接收方式不太一样的是，在这里，高大上的央视、接地气的刷墙广告都能产生良好的效果。同时，由于互联网的普及，社交媒体的传播在下沉市场也显得尤为重要。由于下沉市场人群的消费观念、审美标准等均与一、二线城市存在差距，大品牌在推广中，也就不能简单地沿用在一、二线城市中所使用的策略和表现手法，而需要更有针对性的媒体、物料选择、内容制造、调性调适及渠道的创新。

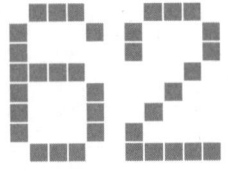

露营对文旅行业意味着什么?

2022年露营大火。周末的朋友圈,三分之一都在晒各种露营。说得夸张一点,但凡有一片十平方米的草地,就有人支起帐篷悠闲地晒太阳。

露营,其实并不是新鲜事物。二十世纪八十年代有一首火遍全国的歌,叫《太阳岛上》,歌词里这样唱道:带着垂钓的渔竿,带着露营的帐篷……所以你看,那个时候,露营就已成为中国人的时髦生活方式。当然,那个时候的所谓露营,更多是带上一块塑料布和一些食物,找块草地,与家人和朋友一起吃喝、打牌、发呆、遛娃、聊天而已。

后来,远距离的名山大川旅游成为新的生活方式;再后来,主题娱乐成为热门……一个轮回下来,风口又到了露营。

梭罗的《瓦尔登湖》开启了人类对于自然生活的向往,但梭罗式的离群索居不可能成为普遍现象。乡村建设虽然热火朝天,但离大部分人的生活毕竟还是比较遥远。只有露营这种轻量级的项目,既能满足大家对于阳光、空气、自然的渴望,又能满足当前风口下社交化消费的情感需求,因而在经济下行、消费需求不振的情况下,它自然而然地成为人们的普遍选择。

其实,除了少量的精致露营和野奢露营之外,大部分人选择的是仍然是找块草地一起吃喝、打牌、发呆、遛娃、聊天。

如果说野奢露营是一种消费升级，那么后面这种露营方式，则本质上是一种消费降级。

每一次全球性或地区性的公共事件都有可能对整个社会的消费意愿和消费心理产生重大影响。例如日本进入低欲望社会，日本人崇尚极简生活、断舍离等生活方式，与2011年发生的东日本大地震就有直接关系。

这次持续时间长达三年仍未结束的新冠疫情，也给全球和中国的经济带来了极大的影响。除了文旅行业整体受到重创外，最重要的是，消费者的消费意愿、消费心理、消费能力也发生了变化。疫情后，文旅行业毫无疑问会迎来春天，但这个春天是否属于每一个企业或每一个业态，就不一定了。

所以，我们在文旅产品打造和企业经营整体布局时，除了要考虑产品定位、品牌定位外，还要考虑市场定位。企业要么提供小众化、高品质、高格调的产品，要么提供大众化、低消费的产品。

在这一轮的露营潮中，我们看到一些大型景区也在涉足这个领域，推出自己的露营产品。比如七彩云南欢乐世界2020年就开始与夜赞团队合作露营项目；珠海长隆与携程共同推出露营项目；银基度假区清明期间推出冰雪酒店烧烤露营乐园、云岩湖森林露营地……尽管从目前看，这些产品的收入并不很高，但我觉得这样的尝试很值得鼓励。一是企业必须根据消费者的消费意愿和消费能力，去主动调整产品和服务，而不是让原有的产品和服务坐等昨日重来。二是这样一些与消费潮流同频的动作，会增强消费者对于品牌的好感。

作为一个品牌，你必须永远让消费者觉得你与潮酷炫的事物在一起。三是持续的产品和服务更新，会带来持续的品牌曝光——这一点对于疫情中无法开展正常经营的企业来说非常重要。

当然，这个趋势对于专业经营露营的企业来说，更是一个风口和机遇。丽江的星托邦营地由知名户外人郑义创立，营地除了绝佳的地理位置和自然环境外，体验内容也非常丰富，是融机车文化、野营文化和实景游戏为一体的国内主题营地的顶流，开业以来，一房难求；横琴的星乐度不仅是国内最早的露营项目，最近又准备开发新一期营地，以满足不断增长的需求。同时，星乐度也收到了不少外地政府和企业的品牌输出的合作邀约。上述这两个项目，都获得了2021年中国文旅先锋奖。

总而言之，虽然文旅的春天还没到来，但露营的春天似乎一直都在。

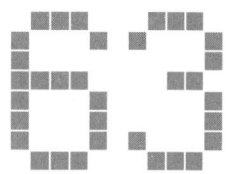

露营和民宿热的本质是什么?

2022年五一期间,一位媒体记者来电采访我对五一露营和民宿热的看法。

太阳底下无新鲜事。近年出现的露营热、民宿及精品酒店热,是我们过去分析了很多次的社会发展及疫情下文旅行业发展的必然趋势。

我在这里将这些基于社会发展及疫情所导致的出游方式的改变、消费者心态的转变趋势再简要描述一下:

一是个性化、小团队、近距离、短时间、低消费。这些总结起来,就是度假的微型化、碎片化。

二是住宿点(包括民宿、精品酒店等)本身已成为旅游目的地,而不仅仅像过去那样只是景区配套。

三是文旅行业呈现百花齐放的态势,新业态、新物种层出不穷,给消费者带来了小众化的体验,而小众化在社交媒体的造势下,极有可能演变成为大众化消费。

在这种态势下,除了跟风进入这些新领域外,文旅企业还可以有什么其他应对办法呢?

在我看来,至少有几点值得我们文旅企业思考:

一、如何通过新业态、新物种的引进,或挖掘、包装景区原本具备新业态、新物种标签，但尚未被消费者充分认识的卖点来创造新的销售卖点。包括如何根据自身的优势，主动抢占或借势一些风口与热概念，如露营和微度假。

二、如何尽可能地创造混合消费的业态，通过多种业态扩大对消费者的吸引力和凝聚力。

三、如何通过会员卡的销售和私域流量的经营，提前锁定目标客户，精准多维服务目标客户。

四、如何将原有的产品切分、剁碎了卖，满足消费者更为碎片化的消费需求。

五、如何创造门票、餐饮、衍生产品之外的线上销售机会，比如课程甚至NFT产品。

六、如何疯狂地制造内容，让你的产品和品牌被更多消费者所认知。由于传播的局限，大部分的产品和品牌的价值其实并没有充分被消费者所认知，这就为销售留出了一个花钱少、见效快的增长机会。

七、最后也是最重要的一点，就是如何丰富和完善企业的创意、策划能力。露营也好、民宿也罢，本质上都是活动、创意产品。通过创意和活动，可以激活存量产品，创造全新的需求。无论是开发新产品，还是改良旧产品，创意都是最重要的。

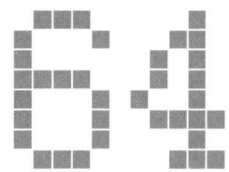

剧本杀未必是你的菜!

剧本杀目前在国内有遍地开花之势,不仅很多景区推出剧本杀产品,连飞猪等OTA也专门推出"我想出去玩"的线路。据报道,剧本杀的行业规模达到了100亿,目前市场上的相关企业有6500家之多。

剧本杀渗透年轻人日常玩乐生活,正逐渐成为都市年轻人的日常聚会玩乐方式之一。入"坑"用户的消费频次稳定,63.5%的用户会在两周内消费剧本杀1次及以上,超四成用户的消费频次在一周1次及以上。

本质上,剧本杀是一种特色旅游,是当下旅游行业趋势下的必然产物。当小众化、定制化、个性化、追求抽离体验的消费形态逐渐大行其道的时候,这种个性化的高价值产品必然会成为趋势。作为目前国内所谓的沉浸式体验的2.0版,较之主题公园、景区的行进式表演以及类似《SLEEP NO MORE》《南京喜事》这样的沉浸式演出,剧本杀更能随时激发消费者的参与感,满足消费者虚拟人生、角色扮演、挑战智力及自我实现的需求。如果说过去景区的表演是你演我看,后来演变成你演我参与,那么现在则是"我来演"。

由于寻求一种更为精密的情感体验,剧本杀不仅对剧本要求高,而且对服化道也要求甚高。另外,场景也是非常重要的一个要素。

这个"场景"不仅仅指通过舞美的方式制造出来的戏剧性空间，更重要的是，如果这个场景本身具备很强的悬疑性、神秘性、稀缺性，对于消费者而言吸引力就会更大。

据统计，目前 90% 的剧本杀经营门店亏损。受限于体验规模，剧本杀对于目前已尝鲜的景区的人流和收入的拉动都不明显。有鉴于此，我不认为剧本杀适合所有的景区，尤其是大型景区，后者的优势还当属迪士尼化的规模效应，应该在产品、服务、主题体验上为广泛的消费者提供服务。

相对而言，作为一个小众化的高体验产品，除非剧本特别优秀，否则剧本杀通常更适合那些我们所谓的"新物种"，也就是非传统的、小众化的、高净值的旅游产品，如高端民宿、精品酒店、城市或乡村改造后形成的小型文旅项目、文化价值深厚的特色空间等，成为这些以高端住宿、度假为核心卖点的产品的重要衍生消费品。

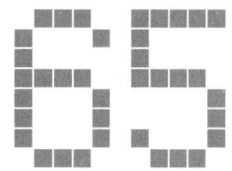

新能源汽车应该成为景区的天然伙伴

过去我在景区工作时，对汽车有一些矛盾的心理。一方面当然是希望来景区的车越多越好，另一方面，车辆所带来的废气、噪音也让人不胜其烦。

但这些问题，都被新能源汽车化解了。我曾应邀担任小鹏的体验官，开着小鹏汽车去了两个景区，不仅享受了驾驶的乐趣，也看到了新能源汽车与景区天然的亲近性。

尤其是在目前旅游呈现小众化、生态化、近郊游、小团队的趋势下，自驾游成为必然。新能源汽车品牌能否抢占这个巨大的消费和传播场景，是值得每个新能源汽车品牌思考的问题。我甚至在想，哪一个新能源品牌能够站出来推出一个类似"米其林餐厅"这样的自驾游评比榜单呢？这个比砸硬广告，效果好得多啊。

我相信，所有的景区，尤其是那些小而美的景区都会欢迎新能源汽车的到来。它们会很有意愿为新能源汽车创造良好的"入住"条件，能否抓住这个风口，就看新能源汽车品牌管理者的洞察和敏感了。

我们已经看到新能源汽车与景区的一些互动，比如共同举办露营活动，或建立露营基地等。但是，我认为，按照我的"景区是品牌最好的曝光场所"的观点，这些企业还可以做得更多。比如共同在景区打造爆点的节点活动策划，或参与园区爆点的节点活动，如小鹏与草莓音乐节的合作或赞助乌镇戏剧节、长隆万圣节这样的超级活动；比如与园区共同开设体验空间，冠名赛车等项目，就像雪佛兰、福特与迪士尼的合作一样；比如联合促销，买小鹏汽车送正佳畅玩卡等等。

当然，我认为最有持久性和统领价值的还是打造××品牌的景区自驾游排行榜！就像米其林所打造的全球美食的权威榜单一样。通过这个动作，可以打通充电桩入驻、品牌植入、客户服务、联合促销等工作。同时，这家企业将在全国景区行业成就意见领袖的地位。这是一件多么一本万利的事啊。

第四部分 城市营销与乡村振兴

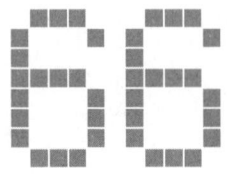

城市营销有多少坑?

与企业广泛引入专业机构不同,大部分的城市品牌和营销工作都是由政府自行操办的。尽管国内有不少城市在品牌塑造、推广方面颇有建树,但绝大部分城市仍乏善可陈。其中普遍存在的问题包括:

一、**不考虑消费者需要什么**,而是强调自己有什么,导致传播口号千篇一律。

二、**传播"内卷"化**。表面看,每天都有大量内容产出,但实际上基本属于自嗨型,传播不能出圈,更不能出省出市。

三、**缺乏持续的推广动作作为支撑**,或是动作虽多却不聚焦,不能形成合力。

四、**缺乏强有力的爆点**。每个城市都有自己的资源,但要打出全国知名度,需要动用的是国家级甚至世界级的资源。

五、**不能引发所在城市市民的共鸣**。

要知道,城市营销与企业营销一样,需要战略定位、外部视角、专业传播和调动全民参与。除此之外,与企业营销一样,城市营销需要一个系统性的方法:

第一是必须有顶层设计。这一点是最重要的。有了顶层设计,就有了正确的方向,资源就会形成合力。这个顶层设计就是城市的品牌定位。

第二是必须有一句响亮的口号。一句响亮的口号会让城市营销事半功倍。

第三是必须打造与定位相匹配的产业。因为城市营销的最终目的是推动当地经济发展，形成支柱产业。

第四是必须有一批龙头企业。这些企业可以自带流量，在分享城市品牌红利的同时，有效地拱卫和背书城市品牌。

第五是必须有一系列的营销动作。很多城市在做城市营销时往往将其简单化为PPT营销，虽然有定位和口号，但却没有相应的营销动作，其效果肯定大打折扣。用功夫界的一句话来形容，就是"练武不练功，到老一场空"。

这里所说的"一系列的营销动作"，包括持续性的新闻事件曝光，重要节点、节庆活动的策划，城市自媒体的建设，强IP的合作，全员营销等。这些专业的动作不是城市管理者自身能解决的，它需要外部力量的介入，需要专业的市场分析和定位，还需要专业的操盘手全程把控。

大家都知道日本的熊本熊，但未必了解它的"爸爸""妈妈"。它的"爸爸"是日本著名的编辑和策划人小山薰堂，《入殓师》这部名片就出自他手；它的"妈妈"是日本著名的设计师水野学。这两位高手的联袂，最终成就了熊本熊奇迹。

当然，熊本县对两位高手的信任和超强执行力也是成功的重要因素。我曾与熊本县熊本熊推广部部长成尾雅贵有过交流，深感一流创意与一流执行力叠加的价值。只有善于借用外部资源、理解策划思路，并坚定不移地执行，才有可能取得良好的效果。

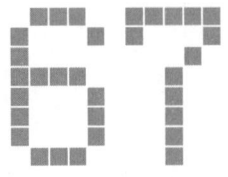

"熊本惊喜"对城市品牌推广的启示

我曾经谈论过城市品牌推广中存在的普遍问题，后来有不少朋友留言，希望我能分享一些有关城市营销的具体成功案例，尤其是应当如何充分调动当地人的积极性。

这里我给大家举一个很成功的案例，即日本熊本县的"熊本惊喜"活动。在熊本县策划顾问小山薰堂的指导下，熊本县发动了一场全民参与的活动，让大家来提炼和传播熊本县值得为外人称道的东西。结果有人提到熊本县曾经有过的让人暖心的"小红帽"服务项目，最后这一服务在熊本县的火车站得以恢复。还有小学生提出熊本县有全日本最懂礼貌的小学生，后来这个说法也成为熊本县的一个标签……这样一些来自民间的智慧，不仅很好地提炼了熊本县的优点，而且非常人性化，具有共情性，大大激发了市民的想象和传播热情。

在一个碎片化传播、人人皆媒体和创意、情怀众筹的年代，"熊本惊喜"是最能调动所在城市市民的积极性、且成本最低的方式。

顺便说一句，后来大名鼎鼎的熊本熊，其实是"熊本惊喜"活动的吉祥物。

熊本熊之所以暴得大名，跟其推广策略有关。它实行的是IP开源，免版权费，只要使用熊本熊肖像的目的与宣传熊本县或者推广熊本县产品有关，甚至是采用熊本县产材料制造的商品，都可向县政府提出使用申请。熊本熊（熊本县）放弃眼前的版权授权收益，获得的是空前的使用率和曝光率：第一年就接受了超过 3600 项申请，第二年更是涌入 5400 项申请，先不论使用的质量如何，单从数量来看，就已经形成了一个超级传播矩阵。

从这些合作申请中首先受益的，是熊本县的农副产品企业，大量的农副产品的包装上印上了熊本熊，促进了销量的同时，也使熊本熊自身知名度得到提升。后续合作范围扩大后，在全国甚至世界范围，熊本熊输出的衍生品遍布衣食住行等领域。全方位的立体传播，最终奠定了熊本熊如今的知名度。

我再举一个例子，说明城市营销完全可以以小博大。

一只动物的诞生或出现，会给一座城市带来什么？很多城市给出了好的答案。比如柏林动物园曾经收留过一只被遗弃的北极熊克努特，后来它成为柏林人的团宠，一举一动牵动着当地市民的心，四年中有一千万人目睹过它的风采。克努特在给当地人带来极大欢乐的同时，也让这个城市收获了更多的关注和温暖。克努特有自己的博客和粉丝，它甚至出现在德国邮票和美国《名利场》杂志上。同样是柏林动物园的另一只小北极熊，自 2019 年一出生就被寄予厚望，甚至被德国甲级球队赫塔队认养命名。中国台北动物园 2006 年引进大熊猫团团圆圆，成为轰动全岛的大事，让台北受关注度飙升，更让台北市民乐此不疲，各种花式照顾和传播让它俩被宠上了天。

上面这些例子都说明一个问题，即城市的推广要找到有趣的话题，要激发市民的参与热情和共鸣，要善于制造情感的众筹和分享。

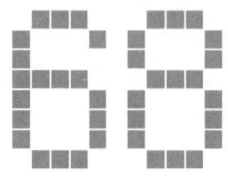

没有超级景点的长沙为何能成为网红旅游城市？

2022年中国城市"夜经济"十强出炉，长沙位居第二；2022年6月18日，去哪儿网发布了暑期档出行大数据，长沙居最受欢迎的旅游城市第六名；最近又有一个"宜居城市101野榜"，这个榜单的结果和什么一线、新一线的排行关系不大，长沙在这个榜上排名第一。

一个城市成为旅游目的地，不是因为它有名川大山，就是有历史古迹。要不就是因为现代化的旅游设施，如主题公园等。以上元素长沙都不缺乏，但量级与国内其他城市相比没有任何优势。那么，为什么没有上述核心旅游吸引物的长沙可以成为国内领先的网红旅游城市呢？

首先，长沙是一个吃货的天堂。有人调侃称它是一座饭桌上的城市。长沙人不仅会吃，而且还把吃变成一种文化。比如茶颜悦色和超级文和友，你能说它们是卖茶饮和小龙虾的吗？再比如湘江里，简直就是一个餐饮界的"主题公园"。

新消费品牌和创新餐饮品牌的崛起为长沙网红经济的发展提供了内生力，并贡献了源源不断的网络话题。

其次，长沙也不缺各类网红打卡地。参观完岳麓书店，可以去橘子洲头看万山红遍、层林尽染，可以在文和友"穿越"回八九十年代，还可以和爱人去恋爱天台、太平街，或逛一逛因综艺走红的坡子街和解放西……这些轻量级的网红景点为长沙塑造了多元旅游社交场景。

这样的美食美景是许多旅游城市的共性。但长沙特别的地方，在于充满了烟火气的夜经济。

每当夜晚来临，长沙仿佛才刚刚苏醒，街上到处是人，以至于网络上调侃"全国有一半的人都在长沙，不睡觉还总是在排队，人气比天气还火爆"。

曾经以歌厅文化和"中国脚都"著称的长沙，骨子里有着娱乐和休闲的基因。而网红经济时代为它提供了一个风口。对北上广这些大城市的青年人来说，长沙为他们提供了一个缓解压力和释放欲望的"降维消费空间"。

值得一提的是，湖南广电的存在，为长沙的娱乐化作了很好的加持。一方面，不少年轻人冲着湖南卫视、芒果TV的综艺节目追星而来；另一方面，这些媒体平台的内容制造又成为长沙这个网红城市最有力的推广手段。一些节目也成为赋能商业综合体和文旅项目的IP，如《明星大侦探》在长沙开出了全国首个剧本杀门店，《快乐大本营》《天天向上》等节目也经常安利一些长沙的餐饮品牌、景点。超级文和友的爆红就与此有着莫大的关系。**我们曾经形象地将河南卫视比喻成河南文旅的"自媒体"，而湖南卫视，毫无疑问就是长沙作为一个网红城市的"自媒体"。**

曾经有不少类似长沙这样的城市的主官或文旅部门负责人因为自己所在的城市缺乏迪士尼、环球影城、长隆、华侨城这样的巨头落户而忧心忡忡。实际上，像长沙、杭州、成都、重庆这样一些有着独特风格和魅力的城市，不一定非要引进这些世界级或国家级的IP和项目。在一个"一切皆文旅""文旅赋能一切"的时代，商业、餐饮、大众娱乐甚至城市气质，均可成为核心吸引物。

在这样一个新的时代背景下，创意成为文旅发展最重要的能力。根据城市自身的文化底蕴和特色，独创性地打造适合新一代消费人群的消费场景，满足吃住行游购娱的一站式需求，为本地老百姓提供幸福感，为外地游客提供差异化的服务和体验，这比引进大项目、大企业更加具有普适性。这是长沙这座网红城市最大的价值所在。

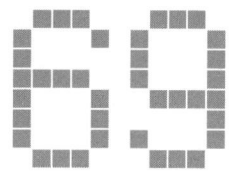

襄阳可以借《你好，李焕英》出圈吗？

2021年春节期间，《你好，李焕英》大火，让襄阳这个在很多中国人心目中陌生的城市出现在大家面前。

说起襄阳，那可是相当有来历的。它是位于湖北省西北部的一个地级市，市域内现已查明各时期的文化遗址200多处，有些文物古迹堪称世界之最。

"襄阳"作为行政区名称，延续了两千余年。从三国到唐宋，它一直是国家一级行政区的首府。很多脍炙人口的故事和典故都发生在这里：它是阳春白雪、曲高和寡等成语的出产地，也是小说《射雕英雄传》《神雕侠侣》中郭靖和黄蓉的生活场景。这里是"三顾茅庐""隆中对"的古隆中，也是三国演义的古战场。这里还有拍过电影《妖猫传》的5A景区——中国唐城。

电影《你好，李焕英》的出现，又让一批新的工业旅游项目脱颖而出，比如东方化工厂等。

但是说实在话，尽管襄阳天赋挺好，但在中国，这样的城市实在是数不胜数。目前的襄阳，影响力也仅限于湖北当地及周边的消费者。

一个城市的推广，既需要水滴石穿般的坚持，也需要一个石破天惊的契机。抓住一个机遇，就很有可能破圈，从而实现品牌的根本性突破。

比如日本的北海道，因为一部《非诚勿扰》而成为中国人赴日旅游的热门地。再比如克罗地亚，因为《权力的游戏》而成为影迷们朝圣的地方。2015年前后，我们操作的《爸爸去哪儿》大电影和《奇妙的朋友》电视真人秀，也成为长隆由地方品牌上升为全国品牌的标志性事件。

襄阳面临着千载难逢的机遇。如果借势而为，贾玲和李焕英完全有可能让襄阳由一个湖北品牌提升为中国品牌。它所需要的是快速决策、集中火力、整合资源、毕其功于一役。

一部成功的尤其是爆款的影视作品，是一个城市品牌塑造的天赐良机。希望襄阳的主政者不要辜负它的两个优秀女人。

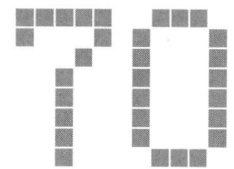

旧街区改造建设中的人文价值呈现

当前许多城市都在谋求新一轮的发展，旧街区的改造和升级是一个抓手。在进行改造规划时，既要挖掘本地文化，讲好本地故事，又要实现经济收益，保证可持续发展，更重要的是，要融入"以人为本"的人文理念设计，让在地生活的人们获得幸福感和自豪感。

其实关于人文理念设计，日本算得上是国际上的先行者。日本文化中细腻的一面，在这一方面也得到了淋漓尽致的体现。以山崎亮为代表的社区设计师，始终强调"比设计空间更重要的，是链接人与人的关系"，通过"人人可参与""链接无限可能"等设计理念，打造一个和谐的、具有人文气息的社区或街区。此理念在日本得到了很好的落实，其中兵库县的有马富士公园就是很好的践行典范。

我们认知的大多数公园，哪怕设计考究、绿化完善，仍很可能在不到十年的时间里就沦为无人问津的场所。所以山崎亮在参与设计有马富士公园时，提倡学习迪士尼的待客之道，让周边居民或有活动需要的社团参与进来，充当"演员"（迪士尼的最大魅力之一）来"链接人与人的关系"，又通过积极主动地举办一些活动，吸引游客上门。

这种模式的成功运营，使有马富士公园每年的人流量都很可观：第一年约 40 万，随后越来越多，8 年后超过 70 万，远超过预期。

回观国内，也有在社区人文建设中的先行者——2007 年创立华南地区开馆历史最长的民营公益博物馆——扉美术馆（原名扉艺廊）的扉建筑团队，就是其中杰出的代表。

扉美术馆的亮点之作——"无界的墙"由773盏灯、1682件旧物以及一些回收的旧木窗等组成。这些旧物，40%来自团队在各地的长年征集，60%却是来自广州越秀区竹丝岗社区居民的热心提供。

扉美术馆的另一人文设计特色是"菜市场美术馆"，通过一系列柔软的介入甚至是不造物的方式来重新构建摊贩生而为人的尊严和自信，在此基础上唤醒大众日益消逝的集体性和对公共空间的主导意识。

同时扉建筑还经常举办各种公众参与的艺术项目——"无界艺术季"，一起探索当代艺术的在地性、公共性和社会性，让艺术深入日常，强调"无处不是美术馆、人人都是艺术家"。

国内另一个具人文色彩的案例是位于广州番禺市桥的西坊大院。

"你眼前的斑驳与沧桑，是父辈的青春与岁月"，这句显眼的条幅，就挂在入口处的主楼之上，让大家意识到，这里不仅仅是个创意园区，更是一个有着父辈回忆和情感载体的地方。

西坊大院，前身是1958年建立的番禺县国营农副产品综合加工厂，后来市桥火柴厂、市桥纸厂并入农副厂，厂区扩大到近万平方米，拥有宿舍、运动场、礼堂、商店、澡堂、学校等，形成一个工作、生活、娱乐气息兼具的"小社会"。改造过程中，设计单位九方印深刻意识到这些人文气息的重要性，一方面贯彻"修旧如旧、新旧融合"的理念，在修缮时尽量保留20世纪60至90年代不同时期的历史建筑；另一方面，巧妙地融入当下新潮设计元素，让旧建筑焕发新生，为后来吸引年轻人前来打卡怀念、举办系列活动奠定了文化和资源基础。

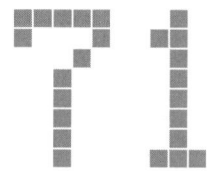

漠河，除了舞厅，还有极光

2021年底，《漠河舞厅》这首歌大火，好几个行业媒体来采访我，问我对这个现象的看法，以及对漠河城市品牌和文旅产业发展的建议。我把我的观点在这里总结一下：

第一，我认为《漠河舞厅》对于漠河来说，是千载难逢的机会，漠河必须高度重视、周密部署，且这个"重视"必须上升到一把手工程的高度，仅仅文旅局长重视是不够的。

第二，我认为必须迅速放大和延展这个机会，使之IP化、品牌化。刁亦男最近新推出一部电影，就用了《漠河舞厅》作为推广曲。这是很聪明的一招。因为有网友在制造内容时，就将他上一部电影《白日焰火》中的北方舞厅场景配上《漠河舞厅》，结果毫不违和。而漠河更应该主动地寻求与大IP、大内容的结合，将《漠河舞厅》这首歌曲所产生的故事背景和场景IP化。

第三，我认为必须对漠河的城市形象和文旅产品进行精准的定位和系统性的推广。当然，这里面要解决几个问题：漠河相对于中国其他城市和文旅目的地的差异化竞争优势是什么？它的客群是哪些？它吸引消费者的独特气质是什么？总之，要梳理、提炼、包装漠河的城市气质和文旅产品独特点，系统地、持之以恒地进行推广。否则，这首歌的风口过后，仍然是一场空。

很多人拿《成都》这首歌的例子说事，其实，成都的成功完全不是因为这首歌，它只是成都一系列整合营销过程中出现的一个因素而已，没有这首歌，成都照样会成为今天的成都。但反之，如果缺乏成都那样的超前性的城市品牌推广布局和长期系统性的工程，《漠河舞厅》之后，漠河仍然会是那个远在天边少人问津的漠河。

《漠河舞厅》这首歌引发了人们的巨量关注，但这个关注未必会转化成为对漠河文旅产品的消费，就像明星代言并不必然导致被代言产品销量猛增一样。巨量关注和迅速出圈的后面，必须有产品力的支撑。漠河的城市气质和文旅产品还是具备相当的独特性的，其中最具特色而又最广为人知的应该是极光。而此卖点，在双循环的大背景下，很有希望成为国外高端极地旅游的平替。人们不会因为一首歌或一个舞厅而从千里之外奔赴漠河，但会因为这个城市丰富而独特的产品体验而前来。《漠河舞厅》不是他们选择漠河的唯一理由，但可以是重要理由或诱因。

所以，我觉得漠河的推广口号更应该是：漠河，除了舞厅，还有极光。

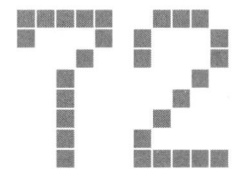

为什么是凤羽？为什么是封新城？

2020年，我们为封新城的凤羽评发了一项中国文旅先锋奖。为什么会选择它呢？

因为封新城的很多理念、素养和所尝试的业态，都是我所欣赏和认同的。

封新城的大理凤羽以"退步堂"为起点，打造了一个集野奢酒店、文创开发、大地艺术展览和物产 IP 于一体的高调隐居和头部度假的空间。

我觉得这件事挺有研究价值的。一是它可能会开创一个文化人脱离体制后的又一种生存方式（二十年前，王志纲为文化人树立了一个有尊严的生存方式）；二是它可能成为中国文旅行业的一种新模式；三是它可能为乡村振兴、共同富裕提供样本。

他能够做成这些事的背后逻辑，是一个资深媒体人的趋势洞察力、生活美学修养、概念创造和表达能力和情怀。这几样缺一不可，但又是一个成功媒体人的必然结果。

在做媒体时，封新城就是一个以新锐为标签的人物。他成就了《新周刊》，被刘勇在《媒体中国》中称为"期刊教父"。《新周刊》的办刊理念和它的气质，影响了不少人，包括打造中国地产文旅标杆项目的阿那亚的马寅。

云南近几年在大力推动"大滇西旅游环线"建设,意在通过以半山酒店为核心的生活方式的打造,摒弃过去仅仅依靠山水资源的、低水平的旅游形式,打造集精品酒店、田园风光、户外运动为一体的度假模式。它是云南旅游业转型升级的新标尺,也是中国旅游新一轮业态再造的开始。这个庞大项目的导向与凤羽现在的试验高度吻合。

我认为,未来文旅行业会出现百花齐放、百家争鸣的现象。尤其各种小而美的,生态型、度假型、创意型的文旅项目会大行其道。我把这种文旅项目叫新文旅。

凤羽项目占齐了生态型、度假型、创意型这三者,同时也是乡村建设的一个绝佳范本。

在中国搞文旅,既要懂市场,还要懂市长,也就是必须把握政策方向,吻合国家战略。这个项目无论对于乡村振兴,还是共同致富,都是很好的模版。封新城在凤羽开发了一系列的物产IP,包括茶叶、高原水稻、菜籽油、蜂蜜等,对于带动当地经济的发展,提高农民的收入,有着直接的影响。这些品牌叫"凤羽好物",卖的是当地物产和农民的在地尊严。

凤羽的项目,无论是退步堂、星空谷、大地艺术,还是青年文创基地、物产IP等,都有着浓浓的日式生活美学痕迹。老封曾十多次前往日本和台湾,遍访文创、乡建、艺术界高人,参加各种艺术活动,包括拜访北川富朗,参加越后妻有大地艺术祭等。

在凤羽,封新城实践了他的生活美学。他不仅有一双擅于发现传播价值的总编辑之眼,还有一双擅于创造文旅内容的首席内容官之眼。他邀请当地艺术家八旬设计的精品民宿别具特色；他以大地为画布，利用当地民间艺术家，创造了"白驹过隙""三个苹果"等艺术装置，让古老、广阔的乡村因为艺术的介入而生动、丰富。他在古村落找到了大美，"星空餐厅""废墟酒店""青年文创基地"等，通过改造古旧村落、废弃的中学，体现了他"通过嵌入、渐入、融入的方式，让现代性和古村落、旧建筑发生互动"的"慢生活，融艺术"态度。

这个项目下一步需要解决的问题是厘清商业和盈利模式。一旦在商业上成功，它本身会成为一个可以不断复制的产品，或者成为为其他文旅项目赋能的"插件"。

封新城是有先锋性和领先性的，他是时代前沿观察者。他最大的优势是在"创造新概念"上。现在他所创造的一系列概念，例如"微隐居""田园，地球头等舱"等，都是很有传播力的。从营销的角度来讲，这是一个很重要的能力。我们所讲的娱乐化营销八种方法之一就是创造概念的能力。

他在《新周刊》时期创造了各种脍炙人口的概念。在凤羽，他灵感大爆发，冒出了一大堆新概念和品牌：退步堂、慢城农庄、"大理的达利"时尚文创综合体、空中稻田剧场、慢城物产赞美馆、凤羽大地艺术谷、星空谷、艳阳天创意物产市集等等。这些概念的确打动了不少人，第一时间调动了他们的热情和好感。

封新城过去一直高举高打，想打造最高规格的中国·凤羽文化品牌，如打造国际乡村艺术大会、首届物产赞美大会等，但实施起来还是有一定挑战的。我给了他几个路径选择建议：一是有钱自己干，如乌镇戏剧节；二是引进大IP，如乌镇的国际互联网大会，通过整合社会资源，迅速提升品牌影响力；三是共创、共建、共享，充分发挥互联网的众筹精神，动员他人的力量。我觉得要实现第三种方式，最重要的一是创意创造能力，二是要自身品牌强大。这个要靠专业化、系统化的力量。有了创意和品牌，还要有共赢的机制。

  风羽的初步成功，无疑与封新城的情怀大有关系。虽然老封展示给我们的是悠闲、诗意的生活场景，但一个人（从精神的层面讲）要安居远离尘嚣的乡村，五年如一日，像一个农民一样风吹日晒，春种夏收，没有一点情怀，没有一点境界，是干不了这事的。

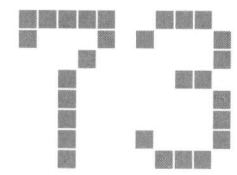

如何用艺术点亮乡村？

乡村振兴说起来容易做起来难，因为有好多痛点无法解决。比如土地性质的限制、当地村民利益的保障、投资者的赢利模式等等。这些问题纠缠在一块，让很多投资者望而却步或遍体鳞伤。大地之光艺术公社在安吉的蔓塘里开创了一个有价值的模式，即便是在一村一品的浙江，它也显得很突出。

2017年，安吉蔓塘里引进"大地之光"文创灯光项目，打造集文创灯光秀、大地艺术展、乡村宿集、露营烧烤、咖啡文化等业态为一体的乡村旅游综合体，利用夜晚的时间和蔓塘里村现有的设施，通过艺术植入的方式改变了乡村的气质，同时实现了投资者的利益回报，实现了从美丽乡村建设向美丽乡村经营的转变。

白天的蔓塘里，除了一些微改造和竹质艺术品外，与其他乡村并无特别的不同。但到了晚上，各种墙体投影、灯光装置，让蔓塘里成为一个花团锦簇的浪漫世界。以竹元素为核心的大地艺术，加上文创灯光的夜游项目，有效地补齐了安吉夜游产品的短板。

通过夜游项目的打造，蔓塘里成为区域内的"游客夜间集散中心"，让安吉白天各景区的游客在这里得到沉淀。"用艺术点亮乡村"项目，在不改变土地性质和不破坏当地自然生态以及尊重在地文化的情况下，很好地解决了乡村的可观赏性和文化价值。将光影、艺术、文创和科技元素融入农村，与乡土文化相结合，展现不一样的乡村美景。

朱少杰和他的大地之光在蔓塘里的实践虽然才进行两三年时间，但已引起广泛关注。

除了蔓塘里外，朱少杰将主要精力花在模式输出上。朱少杰和他的伙伴们有的出生在当地附近，有的就是世世代代的当地村民。他们放弃了在城市从商或担任管理人员的机会，回到生于斯长于斯的土地上，书写着他们与土地的续集。

这种人生经历和生活状态应该是很多人向往的。

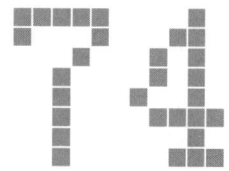

74

乡伴销售的是乡愁和情怀

乡伴是国内乡村文旅投资运营的先行者,也是国内专业从事精品乡村建设全程服务的头部企业。目前乡伴在全国十几个省拥有乡伴理想村、乡伴原舍、树蛙部落、亲子教育品牌绿乐园等品牌。

了解一个企业的产品,最好从了解它的创始人的思想开始。

2017 年,乡伴的创始人朱胜萱写了一本书《屋顶上的季节》,描述他的屋顶菜园计划。从这本 200 多页的小书里,你可以读到朱胜萱的心路历程及浓烈的乡土情结。这种情怀在他的乡伴中得到了充分的体现。

他的第一间民宿是莫干山的原舍。据说之所以进入民宿行业是因为九年前,他突然发现身体状况不好,于是他来到了莫干山,修建了第一家原舍,一个人在那修身养性、读书发呆。

养好身体后,民宿和乡村建设便成了朱胜萱的事业。

因为他的设计师身份,他的民宿及乡村建设项目有良好的设计感,但更重要的是它们所传递出来的人文气息和价值主张。

乡伴有着与阿那亚共同之处。比如很有逼格的建筑,注重社群和人与人之间的关系,追求简单和有品质的生活,以及理想主义的气质。在这里,人与自然的距离,人与人的距离迅速拉近。我甚至认为,乡伴是乡村里的阿那亚,阿那亚是海边的乡伴。因为它们的两位创始人都拥有着同样的温度和人文情怀。

朱胜萱说，如果让我选择一个标签的话，我希望是对乡村有推动和贡献的人，乡伴的使命是成为中国乡村文化进程的推动者。

2020年2月21日，在整个文旅市场最为寒冷的时候，乡伴文旅获得两亿元人民币等值美金的B轮投资，投后估值10亿元。这充分证明了乡伴的价值。

我特别欣赏乡伴价值观里的共建概念。

它的理想村项目实现了多业态聚集，让乡村不再是一个简单的旅游目的地，而是一个由精品民宿聚落、乡野生活实践、新村民、乡村创客等共同组成的生态自平衡的高交互社区。它把在城市生活的乡土人带回了故乡。

从田园综合体到民宿，再到理想村，乡伴让大家回到了最安静和最幸福的生活状态。

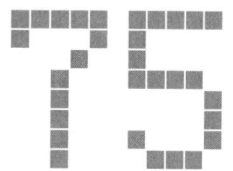

异域风情应该成为新疆最大的卖点

2021年我到新疆特克斯考察,见识到了壮丽的中天山风光。我认为"大美"是对新疆风光的最好表述,因为它的确不仅美,而且非常辽阔。

双循环的背景下,国内旅游的格局已在发生变化。高端游的回流成就了三亚、云南、贵州等地区暑期的爆热,基于健康考虑的近郊游和边远地区旅游也在升温。新疆在新的政治经济环境下会迎来旅游业的良好契机。

如果新疆在高端住宿、在地文化挖掘和包装、支线航线交通改善方面有所突破的话,它肯定会成为国人出行和度假的一个重要选择项。

绝大多数的国人对于这个神秘的地区知之甚少,但这正好是它的洼地价值所在。**新疆不仅风光无限,各民族文化也独具特色。它与风光一起,成为旅游最大的吸引物**。新疆神秘的面纱和满目的异域风情将让很多人体验到出国般的感受,这是其他省份所不具备的最大优势。

我去过的特克斯县的琼库斯台哈萨克村,不仅有着绝美的风景,而且是一个纯哈萨克人居住的地方。这里的居民,外貌与汉族人迥异,文化风俗也大相径庭。行走在村里,仿佛置身境外。这里的年轻人,出行完全靠马，有着较之丁真有过之而无不及的野甜和粗犷。这些都是对旅游者很有吸引力的元素。

  上面这些是我在 2021 年时的感受。但当时，新疆的疫情防控政策比较严格，导致出行新疆甚为不便。2022 年则不同——暑假前，新疆和云南等边远地区的旅游业迎来了井喷式的增长。"新疆被全国游客挤爆了"冲上微博热搜；那拉提草原上的人比羊还多；独库公路被挤成了"独哭"公路；喀什古城日接待游客超过四万……这些报道无不印证我的看法：在疫情和国际环境影响下，在双循环尤其是国内循环的大背景下，具备异域风情的新疆一定会迎来旅游业的发展良机。

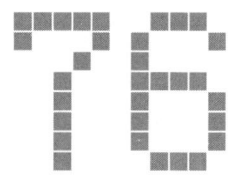

76

为了家乡旅游，文旅局长们到底能有多卷？

2022年暑假前，新疆旅游市场呈火热状态。数据统计，2022年6月，新疆全区接待游客2392万人次，环比增长66.39%。只要打开短视频平台，刷到的都是新疆旅游vlog。

在这一波的新疆旅游热中，有两个现象值得大家关注。一是新疆疫情防控政策的变化。事实证明，只要疫情防控政策适度，旅游的恢复就是顺理成章的事。另一个现象是，新疆文旅界出现了一大批"网红局长"。这些新疆各地州市及县级文化和旅游部门的主管变身推广大使，为家乡的文化和旅游打CALL，成为国内文旅界一道靓丽的风景线。

视频中，新疆各地的局长们或在粉色杏花林里骑马漫步，或在金黄沙漠里酷炫越野，或在嫩绿草原上演"变装秀"……各展风采，各施手段。

有既能身穿白纱裙、骑白天马漫步于那拉提杏花谷，又能一袭红衣、英姿飒爽策马于雪原的伊犁州文旅局副局长贺娇龙；有能歌善舞但又hold得住机车摩旅、沙漠越野的阿克苏地区沙雅县文旅局局长热娜古丽；有化身笑傲江湖的侠客为家乡代言，被网友们戏称为周润发+靳东+费翔+钟镇涛的合体的四川甘孜文广旅局局长刘洪；当然还有盛情邀请大家观赏杏花的塔县文旅局副局长阿力甫·阿克木汗、裕民县文旅局局长杨彩霞、巩留县文旅局副局长英卡尔……

这股清流的出现并非偶然。除了上面所讲的政策和观念开放外，也与新疆高度重视新媒体对文旅推广的重要性有关。新疆甚至针对文旅干部专门开展了短视频拍摄、新媒体创意等培训。

新疆的这一招非常成功。在出国旅游受阻的情况下，新疆等边远地区将自身定位为国外旅游的替代目的地。只要抓住这个难得的市场机会，新疆就能逆风飞扬。另外，新疆地区的少数民族风情、少数民族干部的颜值也是其得天独厚的优势——这个优势，其他地区想学，都未必有这个条件。

我认为文旅干部的代言要比明星代言更有说服力和亲和力。后者已经很泛滥了，大家通常记得住明星，却记不住其代言的品牌。但文旅干部扎根于当地，对当地的旅游特色和历史文化了如指掌，再结合自身的素养，就能输出更多有说服力、让人眼前一亮的内容。他们的代言，其真实性、权威性、说服力无疑是远远高于明星的。

此外，局长们的身份地位也造成了反差效果。在大众的印象中，政府领导往往比较严肃，不苟言笑，但新疆各地的文旅局干部却用这种非常民族化、接地气的方式拉近了与游客的距离，起到了非常好的传播效果。

从某种角度看，这些"网红局长"实际也是一个个的IP。通过这些IP的打造，旅游目的地的推广变得更生动、有趣及富有人格感召力。旅游目的地不再是单纯的地理概念，而是鲜活的、生动的、人性化的场景。

一个城市和地区的旅游推广，既需要"丁真"，也需要"网红局长"。

第五部分
迪士尼的启示

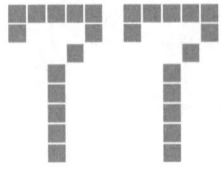

迪士尼是如何点亮神奇创意的?

迪士尼有一个神奇的、让同行很羡慕和佩服的部门,那就是华特·迪士尼幻想工程主题公园及度假区部门。

作为迪士尼幻想工程创意总监,马蒂·斯克拉撰写的《造梦者》一书详细描述了幻想工程部的运作机制,并通过大量生动的个人成就的描述,为我们提供了主题公园和度假区在创意和商业运作上的标杆案例。

坦率地讲,我在读这本书时是有很大的代入感的。因为斯克拉刚进入迪士尼时所从事的工作,与我当年进入企业时从事的一部分工作一样。这使得我可以以更强的同理心,跟随他的思维和足迹完成这本书的阅读。

迪士尼与世博会四大展馆的合作,奥兰多迪士尼 EPCOT 主题公园与企业的创造性双赢……斯克拉不仅为迪士尼贡献了创意,也贡献了一些新的商业模式。

而这些,也是我过去在企业从事品牌和营销工作时经常会思考和竭力推进的。有些模式我们后来也实现了,比如园区或设备的冠名,园区与品牌的联合推广等。但有一个设想始终未能完成。我曾经想过,是否可以在景区举办类似拉斯维加斯消费电子展或世博会那样的展览,或者是淘宝造物节。我希望能利用这些潮流酷炫高科技的元素，为景区带来更多的消费体验和新奇感。在对美国迪士尼（尤其是 EPCOT）和上海世博会进行考察时，我就曾深为高科技所带来的酷炫体验感而震撼。我相信，未来景区的其中一个模样，就应该是我在这些地方所看到的结合了高科技、应用和想象力的场景。我的如意算盘是，景区有场地、有流量，它的场地虽然未必有展览馆那么专业，但却比展览馆多了一些场景、娱乐元素和更广泛的品牌展示空间；另外，它自带流量。同时，厂商又可以免费参展。所以，无论怎么看，这都应该是一个双赢的游戏啊。

这个设想我在甲方时未能实现，但我始终觉得，这个尝试会很有爆炸性，一旦成功，它将让尝试者喝到头啖汤。

当然我也干过一些类似迪士尼那样的事。有一年去奥兰多的迪士尼考察，看到 ESPN 在 EPCOT 里有一档类似《美国好声音》《美国达人秀》之类的节目，是现场录制。内容是体育解说员选拔。节目在园区设置拍摄场地，可以直接呈现园区的品牌和产品；观众可报名参与，增加了游客的体验感和惊喜；而电视台也可以节省一部分的制作费用，这无疑是一个双赢的合作。回国后，我就开始找广东电视台体育频道聊如何复制这个模式，又找湖南卫视聊如何把《智勇大冲关》吸引到我们景区。可惜的是，这两件事当时都没干成。但念念不忘，必有回响，后来我们与广东卫视成功合作了《活力大冲关》，这正是上述构想的具体呈现。

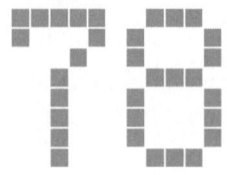

迪士尼是如何批量打造超级 IP 的？

罗伯特·艾格的《一生的旅程》是一本让文旅人热血沸腾的书。

艾格担任迪士尼 CEO 的 15 年期间，帮助迪士尼的股价从 2006 年的每股 23.8 美元，一路飙升到 2020 年的每股 128.2 美元，让迪士尼在美股市场上总市值达到 2314 亿美元，稳坐全球第一娱乐帝国的宝座。他提出的内容、科技、全球化三大核心战略，帮助迪士尼取得辉煌成就，让迪士尼的快乐魔法遍布全球。

艾格最大的贡献是将超级 IP 作为迪士尼所有业务的引擎，而且布局了迪士尼新媒体，使迪士尼成为全球娱乐业的超级巨无霸。他引领迪士尼在过去的十多年时间里通过并购的方式，整合了皮克斯、漫威、卢卡斯影业和二十一世纪福克斯等行业巨头，批量打造了一大批超级 IP。

在这个看起来简单的买买买的过程中，艾格表现出了出色的趋势判断能力、勇气和激情。不难想象，如果没有 Disney+，疫情中的迪士尼一定会经受更大的挫折。

与他的前任迈克尔·艾斯纳重视微观管理不同的是，艾格十分注重领导力。他是一个更善于为团队赋能和为企业带来整合效应的人。他求贤若渴。为了得到皮克斯，他向乔布斯承诺会尊重皮克斯的精髓，而且愿意与乔布斯一起尝试可能颠覆迪士尼的商业模式。

第五部分　迪士尼的启示

他是一个真正的领导者。

艾格在书中总结了真正领导力不可或缺的十大原则：乐观、勇气、专注、果断、好奇、公正、慎思、真诚、追求极致完美和诚信。

这本书非常正能量。艾格本身并不是一个天资超群的人。他出身于普通的工薪家庭，家庭没有给他的事业带来任何助力；他的起点也很低，大学毕业后的第一份工作是天气预报员；他也没有表现出超越常人的能力，艾斯纳刚跟他接触时甚至有点看不上他；他依靠自己的努力，不断获得慧眼识珠者的帮助……这是一本职场中的年轻人都应该看看的书。

《一生的旅程》也让我们看到了一个文旅人应有的激情和梦想，以及从事这份工作的最大价值是："我拥有这个世界上最开心的工作。"它值得所有文旅人阅读。

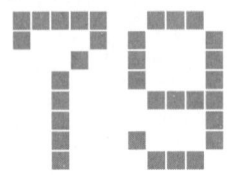

为什么说
迪士尼化是一个卓越的商业思维？

第一次看《迪士尼风暴》是十多年前，那时我刚进入文旅行业，只看到了书中的一些皮毛。经过十几年的实践和思考后，再次阅读此书，很有感触。我认为这是一本足以影响和改变文旅行业和其他行业的商业模式和商业结果的好书。

艾伦·布里曼在书中用"迪士尼化"来提炼和表达一种商业模式和文明。他认为，迪士尼主题公园有四个标志性特征：第一，整个公园以及公园的不同区域都有特定的主题，这就是所谓的主题化。第二，结合了多种不同的消费方式，这就是所谓的混合性消费。第三，利用迪士尼品牌和著名卡通形象等优势出售各种各样的商品，这就是所谓的商品化。第四，职员的工作文化独具特色，有浓重的表演色彩，这就是所谓的表演性劳动。

这四个特征其实并不只是迪士尼独有，也并不始于迪士尼，但它们的确因为迪士尼而登峰造极，成为模式。

艾伦认为，主题化有两种重要意义。一是营销学上的"毗邻吸引原理"。也就是说，将原来可能不起眼的商品和服务放在一种有趣且意义超出商品和服务本身意义的环境中，可能会增强其吸引力，进而增大它们被购买的可能性。二是区别化。一个与众不同的主题显然就是最鲜明的特色。最理想的情况下，成功的主题化能把一个消费场所变成一个本身意义上的"目的地",人们来此可能是为了场所本身,未必只有消费动机。艾伦列举了诸多消费领域的主题化场景,以及主题场景的各种类型,比如音乐、赛车、体育、时尚、魔法和幻想、自然世界、电影和娱乐、怀旧等,都可能成为主题化的元素。他还提到了一个全新的概念——"反身主题化",比如麦当劳,它本身就因为自身的主题化和品牌影响力,成为一种主题化的场景。

混合性消费的概念是艾伦在2004年提出的,时至今日,他所总结和提炼的这个迪士尼化特征已深深改变了我们身边的商业环境。商业综合体的景区化和景区的商业综合体化,就是最好的证明。

迪士尼的商品化无疑是非常成功的。而商品化这个手段也被电影、电视剧、主题公园、主题化餐厅和主题化酒店、动物园、麦当劳、大学校园、体育机构、艺术场所,甚至罗马教廷和警察机构所广泛采用,成为这些机构和领域商业变现和品牌推广的重要手段。

在迪士尼,每个员工都是演员。"工作就是一种表演"这个观念也正被广泛接受和借鉴。情感劳动和美感劳动是这种观念的主要表现方式。像迪士尼的其他方面一样,情感劳动和美感劳动是形成企业和组织差异化战略的重要武器。

《迪士尼风暴》与2003年出版的《麦当劳梦魇》被称为是研究全球化商业模式的姐妹篇。虽然麦当劳被当作是迪士尼的反面对照物,但无论从书中还是在现实中,我们都可以看到两者的相互借鉴和融合。麦当劳在主题化、混合性消费、商品化、表演性劳动方面也有相当不错的表现和持续的追求,而迪士尼在运营的标准化和规范化上,同样不输麦当劳。

80

《迪士尼战争》，艾斯纳的另类传记

《迪士尼战争》讲的是迈克尔·艾斯纳与罗伊·迪士尼、卡森伯格等人互相间冲突矛盾的故事。有朋友说，读完这本书，对迪士尼都没有好感了。

其实，大可不必如此。每个企业展示给外人的都是光鲜灿烂的一面，我们只是没有机会看到DARK SIDE OF MOON而已。

这本书出自美国非常著名的记者詹姆士·斯图尔特之手。书中戏剧冲突迭起，完全不亚于一部小说。不夸张地说，如果把它拍成电影，一定是奥斯卡金像奖的强劲候选对象。

这本书始于艾斯纳入主迪士尼，终于艾斯纳大势已去、人心尽失。它至少给了我们几个启迪：

一、成功乃失败之母，过分注重细节的工作方法会导致领袖角色的扭曲；

二、作为一名领袖，一定要相信团队的力量，而不是与团队争高低；

三、企业家最后比的是人品。艾斯纳最后众叛亲离，关键就输在人品上。

艾斯纳在迪士尼最大的成就就是，他将一种更具竞争力和创意的文化带入了迪士尼，给这个一度传统而保守的公司注入了活力，让公司不同业务的人才都得以充分发挥自己的才能,让这台生锈的机器焕然一新。如果艾斯纳一直保持抓大放小的管理方式,他或许将成为一个更加优秀的CEO。但是,你无法否定艾斯纳对工作的热情,他甚至在结束危及生命的手术后,依然关注公司细节,插手本来给他分担工作压力的高管的工作——到了这个程度,已经不是敬业,而是恋权了。

性格即命运,这在高速变化、激烈竞争的商界有更突出的体现。因为在这里,你必须对外界的刺激做出迅速反应。在这样充满紧张感的商业环境下,你的性格特征也会被进一步放大。很遗憾,艾斯纳的缺点恰在他获得巨大成功后开始变本加厉。

《迪士尼战争》是一部艾斯纳的迪士尼个人史,但也是一部艾斯纳时代的迪士尼商业史。本书除了商界纠葛,更有太多有趣的八卦和细节。这些八卦故事让这本书信息量巨大的同时,也增加了让读者从风格阴郁的权斗故事中抬头喘口气的机会,你会不断惊喜,"原来是这样啊"。

第六部分　个案点评

81

从《遇见大庸》看科技赋能文旅的价值

张家界被称为是中国的演艺之都。之所以这么说,是因为张家界十多年来沉淀了四五场大型演出。这对于一个像张家界这样的小城市来说,是一件很了不起的事。

这些演出各具特色。如《魅力湘西》由冯小刚担任总导演,汇萃了湘西的民俗、杂耍、歌舞等内容,是一场民俗文化的大戏。

《天门狐仙》以高山峡谷作为舞台,用现代科技展示少数民族文化,是一场以张家界奇美天门风光为背景的山水实景秀。

《张家界》千古情则是千古情系列作品之一,它继承了千古情系列的一贯特点,结合当地历史、文化、传说,有不错的视觉体验。

2022年9月20日,由张家界旅游集团与励丰文化联手打造的沉浸式大剧《遇见大庸》在张家界完成了首场正式公开试演。观看过这场演出的专家和媒体认为,这是张家界具有超越性的新一代产品。

为什么这么说呢?前面提到的这三场大戏都是坐定式表演,而《遇见大庸》采用的是多空间行进式沉浸演出。观剧过程中,观众时而乘坐巨形台车"在古老的澧水上荡舟",时而步行追随出征的大庸男儿翻越山崖,时而借浪头在海战中一观惨烈,时而以"上帝视角"看星移斗转、情感与光阴缠绵。行进式让观众亲自参与剧情场景的转换，与表演者构成充分的"一致"和"同在"关系，有力支撑沉浸感的存在。

《遇见大庸》整个剧场铺设了3000平方米的LED屏幕，接近半个足球场大小。主创团队特意打造了城墙、府邸、街市、桥梁、山体、战船、牌坊、楼阁等多处实景，结合高流明的投影和烟雾冰水等机械，使得演出的整体场景氛围浓烈，环境具有很强的质感。

声音效果是励丰文化的核心技术优势。该演出对声音的处理可谓细致，整个剧场的五个演出空间和一个演前空间，全场127个音箱与景观和机械紧密融合。声音尽管在投入中占比不大，但作用不凡。励丰文化通过完全自主知识产权的软硬件音响系统，让声音塑造了空间关系的同时，还通过对声音传播路径的集成规划，塑造了观众与演员之间的关系。

一个成功的沉浸式体验作品，文化、科技、创意缺一不可。励丰文化用成功的案例证明了自己的努力。

在夜经济的发展探索中，大部分旅游景区只是单纯地把日间体验延长到夜晚，或者在原有业态的基础上增加灯光亮化工程。但实际上，作为文旅极为重要的组成部分，夜经济不仅需要"内容为王""创意为王"，也需要"科技为王"。励丰作为国内领先的科技多媒体公司，曾为北京奥运会开闭幕式、上海世博会、广州亚运会开闭幕式提供多媒体服务，并且也是上述场所最核心的设备供应商与技术服务商。近年来，他们大举发力文旅产业和夜经济，打造了亚洲首个沉浸式跨国夜游互动体验项目《奇妙·夜德天》《天酿》《姑苏八点半》等一系列成功的沉浸式夜经济项目，显示了一个科技文化公司的价值。

82

拈花湾凭什么打造"当代精品，未来遗产"？

无锡灵山拈花湾一年250万游客，产值8个亿左右，规模并不大，但这个项目在中国文旅界算得上是一个样板工程。

拈花湾首创了国内以禅意文化为主题的特色小镇，它定位"开启东方旅居禅意度假方式"，自成独特品类，通过建设集旅游、观光、住宿、度假、体验于一体的旅游度假综合体，与目前国内其他品类的产品，如主题公园、文旅综合体、古镇等项目形成了差异，满足了消费者慢下来、静下来、停下来、乐起来的度假需求。

拈花湾有几个特点值得大家学习。

一是文化和旅游的结合。拈花湾打造了独一无二的禅文化小镇，充分体现了禅文化的世界观，并把文化变成可以触摸、感知、参与、深度体验的吸引物。这种"花开无声处，细水遣流年"的诗意，带着天生的浪漫和幻想，成为人们追逐的对象。

二是它的精致、精细、精美。吴国平先生曾经说过，他希望把拈花湾打造成"当代精品，未来遗产"。这是一个特别高的境界，也是真正想在文旅行业做出名堂的企业家必须遵循的价值观。我个人评价拈花湾的吴国平先生，是中国文旅界几个真正具有工匠精神的人之一。

吴国平也说，中国当下最缺乏的就是工匠精神，工匠精神能创造出让现代人喜欢的产品。

在吴国平看来，好的文旅项目无法模仿和复制，模仿是没有生命力的。拈花湾之所以能成功，是因为文化旅游精品传统的一代代迭代，把文化真正转换成了符合时代老百姓需求的产品。不管是旅游小镇还是产业小镇，都需要有自己的定位，要把产业真正做成用户喜欢并愿意消费的产品。

现在市场上有太多粗制滥造的产品，我觉得大家都应该到拈花湾来看看，到底应该如何打造产品细节和品质感。

尽管由于种种原因，无锡拈花湾项目的经济效益并不如人意，但基于良好的品牌和产品示范力量，拈花湾近年发力对外品牌输出。尼山圣境、兴汉胜境、芝罘仙境等多个项目在全国落地。在疫情防控的情况下，尼山圣境等项目的表现还是不错的。

83

石板岩校友和石板岩校友展的价值

2022年7月9日,河南安阳林州石板岩镇启动了一场被称为"全域全时"的美术展。按照著名艺术评论家易英老师的说法,这个展最大的特点就是,它打破了往常美术展览的模式,把自然村落、旅游景区、街头巷尾、民宿和写生基地都变成了展厅。89平方公里的整个石板岩中国画谷,就是一个没有围墙的美术馆,充分传达了艺术介入生活、生活就是艺术的策展理念。

这个展的名字叫石板岩校友展。我们在策划这个展的时候,为它取了一个很特别的名字。因为每年全国有250多万人次到石板岩写生,对于这些来自全国各大院校的画家、学生和美术爱好者们,这里相当于他们的第二校园。他们拥有一个共同的身份,就是石板岩校友。而这次的画展是石板岩校友作品的一次集中展示,是对石板岩近二十年来作为中国著名写生基地的价值和财富的全面挖掘和利用。这些作品大多来自民间收藏,在画作的背后,是画家们对石板岩人民和土地的深情厚谊,也是当地人们心中普遍藏有的对艺术的认同和追求,是"结谊太行"的见证。

这个展将持续做下去,而且边界会不断扩大,内涵会不断丰富。它会成为中国版的"大地艺术祭"吗?不知道。但也许我们更应该开创一个属于中国人自己的原创的艺术节。

为什么要提出石板岩校友的概念并且把它作为一个核心？这其实是一个基于传播的设计。一个地区、一个项目的推广，最重要最有效的方式是激发共情，尤其是意见领袖和年轻人的共情。营销中最有价值的是人的情感链接。石板岩最大的价值、最美的风景就是这些漫山遍野的写生人群。能否激发他们的共情及调动他们主动传播的积极性，成为石板岩品牌是否可以出圈的最关键因素。

同时，石板岩校友展也只是手段，不是目的。就像写生对于石板岩来说非常重要，但它不是唯一目的。石板岩有三大核心优势：绝美的太行风光、独具特色的石板岩建筑风貌、写生产业所赋予的艺术气质。这三个元素整合在一起，引发的聚变效应是山地艺术度假。只有形成具有艺术气质的高端度假目的地，石板岩才能出圈，才能产生更大的经济和社会价值，石板岩镇也才可能脱颖而出，成为中国名镇。

所以，从一开始，我们就将石板岩的愿景定义为：成为中国首席山地艺术度假目的地。如果说两年前这个想法还是显得有些高远的话，随着包括携程度假农庄、岩语、班门石府、云述山居等一批新的民宿的建成，和大规模、现代化写生基地的出现，以及民间自发投资的一系列美术馆的诞生，石板岩成为山地艺术度假目的地的目标已变得非常清晰。

石板岩下一步应该做什么呢？基于自媒体内容制造和社群运营的链接。通过链接，将共情扩散；通过链接，形成强背书；通过链接，实现破圈；通过链接，实现创作、销售的闭环；通过链接，促进文旅产业和艺术产业的相互赋能，最终实现石板岩从写生基地向美术产业基地和乡村旅游目的地的升级，让中国画谷石板岩走向全国、走向世界。

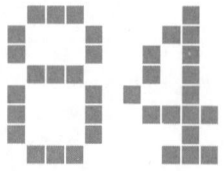

裸心谷的核心价值不在于建筑和风景

裸心谷以及姐妹品牌裸心堡在国内暴得大名。做民宿和山地度假行业的人，几乎没有不去裸心谷朝拜的。

在今天来看，如果仅仅是建筑风格和环境，莫干山的裸心谷已经没有什么新鲜感了。国内很多地方都可以看到似曾相识的树屋、夯土房。

那么，裸心谷的核心竞争优势在什么地方呢？

我觉得在于它内在的气质、价值观。

裸心谷是野奢度假的代表作品。这种野奢，不仅仅指绝佳的自然环境和精致的建筑，更重要的是经营者所倡导的人与自然高度融合的理念，以及经营者渗透进项目的气质。除了创始人高天成本人是南非人外，它的很多高管也是外籍人士。这样一个国际团队的背景，除了很容易就让项目平添一份派头和国际化的气息外，也使得它在理念上领先了国内同类产品很多年。

裸心谷由30栋树顶别墅、40栋夯土小屋组成。

裸心谷的房间和各项娱乐设施的预订，目前仍以官方网站和官方预订电话为主，这样做的好处是确保大部分的用户数据可能演变为私域流量。

在裸心谷，游客找不到印象中度假村应有的KTV、桑拿房、棋牌室，相反，它设置了马场、露天剧场、射箭场、水疗中心、山间徒步等项目，时时处处保持远离尘嚣的姿态，强调人与自然的亲近感。这样的配置在当下看起来很稀松平常了，但在那个时候，绝对是领风气之先的。

整个度假村范围内是不允许开车的，游客都须走路或者是乘坐电瓶车，这一点也确保了整个度假村世外桃源般的氛围。

裸心谷的推广手法也比较特别。它基本不做广告，而是通过一种生活方式的传导，精准地找到了上海及江浙等地的目标客群。在我们访问期间，可以看到不少上海等地大企业团建的身影。对于这一点，裸心谷的创始人高天成是这么说的："对于度假酒店而言，如果你的客户是透过别人或者别的渠道媒介才获得的，那么你已经失败了。"

相对于环境及理念，裸心谷的服务水准则有些受人诟病。这也许是因为国外经营者对本土消费者需求的把握不尽到位，又或者也许是经营者有意无意地忽略吧。如今，曾经独领风骚的裸心谷在不断被追赶甚至超越，这种情形发生在快速成长的中国很正常，但裸心谷对中国民宿和野奢度假理念的贡献仍值得尊重。

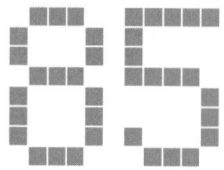

中国马文化第一品牌是如何打造的？

中国马镇是我们服务的第一个客户。中国马镇在一两年时间内，通过准确的定位和娱乐化营销和企业媒体化战略，迅速建立了品牌优势，成为当地最耀眼的明星项目。

中国马镇地处河北丰宁坝上草原。林东旭董事长立志通过投资中国马镇，改变坝上草原低水平的旅游产品供给，带动丰宁当地的经济发展。但选择怎样的路径和定位让他颇费思量。由于企业所处的大滩镇是全国拥有马匹数量最多的镇，加上林东旭对马文化、马精神的深刻理解，他最后选择了主打马文化，而放弃成为"北方长隆"的想法。这个定位及其后高举高打的品牌行动，不仅让中国马镇迅速与当地其他文旅项目拉开距离，更让它在中国文旅行业占据了独特的位置和高地。

中国马镇的口号是"以马为梦"。它巧妙借用了海子的著名诗句"以梦为马"，通过字序调整，创造了新的超级符号。它提供给消费者的不仅是物质意义上的骑马、与马互动、马戏和马战观赏，更重要的是马文化精神的体验。这使得它与竞争对手形成鲜明对比，取得了巨大的差异化优势，并且抢占了国内马文化第一主题公园的地位。通过芒果音乐节、"央视小春晚"等大 IP 的引入和持续的"马上×××"系列活动策划和媒体宣传，中国马镇这一品牌迅速深入人心。

中国马镇的成功案例值得很多文旅项目思考。是亦步亦趋，依葫芦画瓢模仿其他成功企业，还是另辟蹊径，独占垂直领域高地？是主打全国市场，还是做精做深本地市场？是面向所有客群，还是有所取舍？中国马镇给出了正确的答案。

另外值得一提的是，与我过去服务和接触过的许多成功的企业家一样，林东旭先生有情怀，有梦想，有担当，讲信用，是一个有大格局的企业家，同时，还具备非常强大的逆境生存能力、精益求精的工匠精神和高感性素养。如果不是疫情的影响，中国马镇的发展会比现在好很多。

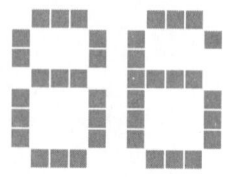

狂人国，文旅蓝海的标杆

宋城集团几年前曾官宣过 150 亿新的投资计划，准备打造全世界最大的演艺集群度假区。在我看来，宋城想要打造的其实就是一个中国的狂人国（碰巧的是，2019 年我去法国狂人国考察时，就曾邂逅宋城集团黄巧灵董事长率队考察）。狂人国是全世界最大最有名、独一无二的、完全以演艺为内容的主题公园，它有三个非常显著的特征：它是文旅行业蓝海市场的代表；主力目标人群是银发一族或者说是有钱有闲的中老年群体；它是在地文化重建和爱国主义教育的最佳呈现方式。

在绝大部分的文旅项目几乎都把眼光聚焦于年轻人和亲子家庭的中国，活力长者市场很可能成为中国文旅的蓝海。以狂人国的客群为例，中老年退休人群就占了相当大的比例。这是因为法国人的退休金比较丰厚，没有子女的负担，加上法国人喜欢艺术、浪漫，因此这些中老年退休人群就成为狂人国的主力消费人群。而在日本，平均年龄 70 岁的团块世代的财富，占日本国民财富的一半以上。所谓"团块世代"，指的是 1947 - 1949 年出生的日本人，他们是名副其实的有钱有闲又有情怀的消费者。日本茑屋书店锚定的目标客群就是团块世代。

中国的活力长者是享受改革开放红利成长起来的一代人，他们退休后一般拥有丰厚的资产，文化素质高，且对美好生活有强烈的愿望，所以我建议文旅项目要针对活力长者去设计产品和服务。我们在做"代号711"项目的前期策划时，就特别针对这个人群做了一些产品和营销活动的设计。在这方面，要注意一个问题，就是要推翻过往对这个人群的刻板认知，切勿认为针对活力长者的产品就是养老服务。前面已说过，新一代中国的活力长者有钱有闲又有品位，他们甚至追求比年轻人更高的生活质量和体验感。因此，即便是养老地产项目，也需要通过产品和情怀的设计，让这些人产生认同感。比如同是养老项目，乌镇雅园引入了校园的概念，让业主老有所学，老有所为，就很有吸引力。此外，一些年代感强烈的红色文旅项目也是他们的兴趣所在；类似狂人国这样的文化产品也非常适合他们。可以想见，宋城如果能做好这个产品，肯定会吸引很多活力长者前往。

87

黑乡是如何做到极致沉浸式复古体验的？

　　黑乡（Black Country）位于英国第二大城市伯明翰西部。这里曾被誉为工业革命的发源地。

　　1968年，黑乡矿山关闭后，黑乡生活博物馆开始建立。

　　与国内很多工业废墟和废弃矿山不同的是，黑乡通过几十年的努力，打造了一个极致的、沉浸式复古体验的场景。

　　通过复原建筑、收集历史物件，小镇生活中的各种场景在这里得到了高度还原。在这里，你可以看到穿着当年服装、干着当年活计的居民，还有维多利亚建筑以及极富工业文明时期特色的工业机械等。

　　游客们可以听听当地人的故事讲述，也可以在古老的下午茶室里体验最地道的英式下午茶，或在摆放着旧家具的民宿中感受英国的复古生活。

　　穿行在小镇上的交通工具也非常有特色：有穿着马靴的骑士牵着的马匹，也有古老的汽车。

　　这里的店铺，售卖着各种各样的纪念品、传统家居用品、当地艺术家的画作、介绍当地历史的书籍，以及各式卡片等。店铺里的老板还会向顾客细细解说传统工艺的制作过程，或介绍老物件的历史来源。

此外，小镇保存的矿井内还展现着采矿的核心环节，游客可以乘坐古老的矿车深入矿坑感受矿工的真实生活，沿途还会遇到啃着面包，穿着马甲的工人，给人一种瞬间穿越的感觉。

如果仅仅是场景的再现，还不足以让黑乡成为我们学习的样板。黑乡在研学、文化传承及沉浸体验上的匠心独运，才是最值得尊敬的。

黑乡生活博物馆开发了很多教育研学旅游产品，涵盖的学科领域包括历史、艺术、科学、技术、地理、素养、数学等。

游客可以通过研究各种不同时期的房屋和建筑，了解当年居住在这里的人们的生活方式，并找出建筑物的不同特征，研究今昔各异的家用物品。

学生们可以根据保存的证据，调查了解1846年黑乡煤矿爆炸事故的原因。还可以参观黑乡矿工的住所，了解矿工的生活，从而更深入地了解社会条件和时代价值以及社会改革的意义。孩子们甚至可以在1912年的圣詹姆士学校上一堂包括阅读、写作和算术在内的课程，比较现在和20世纪初学校之间的差异和相似之处，体验维多利亚时代学童的生活。

通过上述种种有趣且有教育意义的活动体验，黑乡博物馆为孩子们开辟了一个了解三百年前工业时代的窗口，**成功塑造了工业文化体验的教科书式样本！**

黑乡博物馆也通过黑乡风貌重构、复古生活重构、劳作场景重构、研学旅游产品开发等，打造了一幅原汁原味的黑乡民俗复古画卷，讲述了英国最早的工业化景观的故事，让游客沉浸在可以看到、闻到、听到、触摸到、品尝到历史的环境中，真正了解工业世界在人类历史中的重要作用。

如今的黑乡已成为伯明翰独特的城市名片，还成为 BBC 打造历史剧集的最重要取景地，而黑乡生活博物馆更是成为英国工业文化体验典范！自 1978 年开业至 2019 年，这里已经接待了 950 万游客，年营业额达到 620 万英镑。

我们期待，中国也能够早日诞生像黑乡这样真正高品质复原历史文化体验的产品。

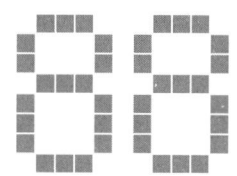

没有戏剧节，
乌镇还是"不一样的乌镇"吗？

每年10月份，有两个节庆活动在国内很火爆，一个是乌镇的戏剧节；另一个是长隆欢乐世界的万圣节。

乌镇戏剧节至今已举办八届，已成为全球三大戏剧节之一。2021年的戏剧节不是规模最大的，但也有4000多名工作人员、500多位演员、23部特邀剧目，以及18组竞演青年组成的七大板块共64场演出。

八年间，每到10月份，国内戏剧界、音乐界、文化界人士倾巢而至，乌镇一时成为全国文艺老中青年的盛大聚会之地。街头巷尾、露台河边，经典的剧目和街头随处可见的展演，让原本略显陈旧的小镇焕发着光芒。每个走在青石板街道和拱桥上的人，都深受这种气息的感染，由衷喜欢上这里的一切。

乌镇有一句广告语，叫"一样的古镇，不一样的乌镇"。乌镇戏剧节极大锚定了乌镇的品牌定位和气质，让它迅速超越同侪而成为独一无二的存在。很难想象，如果没有乌镇戏剧节，乌镇是否还是不一样的乌镇。

同样火爆的是长隆欢乐世界万圣节。毫无疑问，它已成为全世界最大规模的万圣节，并且形成了强大的品牌效应，甚至成为年轻人的生活方式。每年十一黄金周之后，原本应该处于淡季的长隆欢乐世界反而迎来了生意最火爆的季节。周末一天七八万人，万圣节当天十万人已成为标配，让同行和其他园区羡慕不已。

节点活动的策划，是园区经营非常重要的环节。五一、十一、春节、暑假这些节点的生意，往往占到园区全年营收的三分之一甚至一半，抓好这些节点活动的策划，可以起到事半功倍的效果。另外，在淡季打造成功的品牌活动，也是极具价值的。尽管乌镇戏剧节期间的投入产出比未必很高，但很显然，每年一度的戏剧节，仅十天左右，就让乌镇淡季不淡，让乌镇品牌脱颖而出，让乌镇全年受惠；长隆万圣节则是直接产生巨大的经济效益，不仅解决了淡季的问题，而且打造了极好的口碑。而且长隆不仅有欢乐世界的万圣节，还有水上乐园的电音节，后者也成为全国各水上乐园仿效的样板。

除此之外，西塘古镇的汉服节，云台山的花朝节、电音节，正佳广场的广州国际购物节，阿那亚的戏剧节、音乐节、生活节等，都是成功的造节案例。国外的案例就更多了，比如一个艺术祭就彻底改变了日本越后妻有这个穷困凋敝地区的面貌，一个马戏节就让欧洲一个不起眼的小国摩纳哥举世闻名，等等。

在我看来，成功的节庆品牌，不仅能直接带来良好的销售业绩，而且造福持久生意，所以对节庆品牌的打造，怎么重视都不为过，但为什么大部分的景区没有办法做出这样成功的节庆活动呢？

一是想象力和市场洞察力有限。

要做出一个品牌节庆活动，往往需要对消费市场和消费者心理有前瞻性的判断以及坚持判断的勇气。当年长隆推出万圣节活动，也并不是一帆风顺的，但少数人的坚持，最终成就了一个巨大的成功。

二是缺乏对节庆活动足够的投入。

大部分景区仍然没有摆脱传统思维。在许多景区眼中，耗资巨大的硬件和设施是最大的吸引物。其实，时代已经发生了变化，消费者由对物的崇拜转变为对创意和颜值的认同和追捧。策划和创意将越来越比硬件、设施更有价值。戏剧节、电音节、音乐节、动漫节、汉服节等等，都将成为一些成功景区的标签和重要生产力。

三是缺乏对品牌和销售关系的正确认知。

实际上，品牌是最长效的销售。如果认识不到这一点，只计算投入产出比，只考虑当期利益，是没有办法打造出优秀的活动品牌的。文旅融合实质上改变了旅游的气质和属性，文旅行业已成为必须依靠高感性人群，必须充分发挥想象力和创造力的行业。它既是科学，更是艺术。它对我们的市场营销人员和企业决策者都提出了更高的要求。

如果你的园区还没有一个能够叫得响的，既有品牌效应，又有持续销售带动效应的大型节庆活动，那么，你该赶紧认真思考了。

为什么《雄狮少年》会成为星乐度的战略抓手？

2021年春节，珠海星乐度露营度假区与《雄狮少年》的合作，成为文旅项目与国内知名IP合作的一个值得关注的案例。

主题性是促进消费者共情的重要方式。所以不仅有主题公园，还有主题酒店、主题商场、主题餐饮等。主题公园的打造，通常是与成熟IP共创，全面围绕IP的价值观、形象、故事、场景等打造主题体验产品。

星乐度与《雄狮少年》的合作采取的则是另外一种模式。也就是，在产品业已建成以后，通过与IP的合作，阶段性地赋予产品主题，创造消费者在特定时间前来消费的理由。

与星乐度的合作，是《雄狮少年》与国内文旅行业合作的第一例。双方可谓门当户对，其合作也堪称天作之合：一个是国内露营度假的头部企业，一个是国产动画的新晋赢家；同时，双方的气质也非常合拍，双方的品牌诉求又都与成长相关。

《雄狮少年》在这次合作中也表现出了充分的诚意，授权时间长达九个月，而且是全方位的充分授权。这一点非常重要。因为，只有在充分授权的基础上，IP的使用方才可以充分发挥IP的价值，利用各种手段和方式，创造全方位的沉浸式体验。

在九个月的时间里，在星乐度，游客不仅可以欣赏《雄狮少年》

原画作品展，打卡影片中的复刻场景，聆听电影原声音乐，品尝咸鱼强系列美食，还可以参与根据电影情节打造的互动体验活动、研学课程等，实现从游玩到体验到研学的全方位的收获。

"来星乐度，做雄狮少年"，这个广告语一语道破双方品牌的契合点以及未来星乐度的品牌价值。主题公园和文旅项目，不仅是一个提供休闲娱乐的地方，也是一个接受正能量信息、学习成长的地方，而在国家政策的提倡和鼓励下，研学和教育的功能越来越被重视。2021年暑假期间，星乐度官宣了全新的"自然成长"的品牌理念和"星乐度两天，成长看得见"的品牌口号。

按照横琴星乐度文旅公司董事长韩啸的解读，"自然成长"是指：在自然中成长；顺其自然的成长；亲子关系的自然成长。

这是星乐度这个国内最早的露营度假目的地在新一轮竞争中对于市场和行业趋势的洞察。

未来，成长的价值将成为家长决策和青少年出游的重要考量项。与《雄狮少年》的合作，成为星乐度品牌焕新战略转型的抓手。

为什么丽江小倩会出现在熹乐谷？

2021年五一，广东清远熹乐谷温泉度假区发生了两件引人关注的事。一是他们的房间居然被代理商炒到了3500元一间。这可是一个拥有800多间房的酒店！另一件事，就是丽江小倩首次在广东地区举办专场音乐会。丽江小倩被称为丽江的非官方代言人，走在丽江的古镇，到处都可以听到丽江小倩的歌曲《一瞬间》。她成了丽江文艺、脱世生活方式的一个符号。

丽江小倩在广东的首个演唱会，选择在熹乐谷并非偶然。通过前期凌厉的广告攻势，熹乐谷迅速奠定南中国首席温泉度假综合体的地位，用"泡温泉，到熹乐谷"占领了消费者的心智。在此基础上，从2021年底开始，熹乐谷发起了一系列旨在打造山谷生活方式的行动，包括首届熹乐谷诗歌节、熹乐谷跨年音乐会暨大花奖颁奖典礼。

2021年五一前后，熹乐谷发起了"山谷里的生活"体验计划，邀请一众广东文化、艺术、美食、体育、公益行业意见领袖，前往体验山谷里的生活。同时，在5月2、3日举办丽江小倩和她的乐队的专场音乐会。音乐会吸引了来自广东各地区尤其是广州、东莞、深圳等地的客人，通过《一瞬间》《红蔷薇》这样一些耳熟能详的音乐，唤起听众对于文艺、清新、遗世独立、诗意栖居生活方式的美好联想，也为熹乐谷里的山谷生活调性涂抹上了浓墨重彩。

品牌需要标签。对于熹乐谷"山谷里的生活"来说，丽江小倩就是最合适的标签。抓住了这些标签，就相当于为品牌奠定了基石。

受疫情影响，现在的全国旅游人数与旅游收入较之2019年有明显下滑，但在新文旅、新物种、新趋势之下，一些企业逆风飞扬、脱颖而出，成为市场新标杆。熹乐谷就是其一。

熹乐谷的成功，一是因为选择了一个在广东地区很有市场价值的产品业态——温泉度假；二是通过强有力的品牌推广，迅速占领了温泉度假领域的领先地位；三是因为熹乐谷本身的企业基因，使得他们在产品的设计上能体现生活美学的价值——在一个重视"颜值"的时代，这一点非常重要；四是它不仅是在打造文旅产品，更是在致力于打造生活方式——在"自在、安静、年轻、艺术"等关键词下，打造"山谷里的生活"。

熹乐谷通过音乐节、诗歌节、画展，营造品牌调性；通过"山谷体验官"活动，发动城中意见领袖为"山谷里的生活"代言；通过一系列的新闻发布、高端论坛和行业奖项，为自己获得媒体和政府背书。这在广东地区的景区中，是非常有前瞻性的。

91

东北不夜城为啥能"点亮东北"?

2021年,一个诞生在吉林省梅河口市的商业街区,惊艳了数百万游客:

历时17天打造完成主体工程,于4月30日晚开街,五一当天迎来38万人次客流。在全年不到200天的开放时间里,共迎来游客400余万人次。2022年的五一假期里,日均客流量超过5万。

——它的名字,叫"东北不夜城"。

梅河口市距省会长春271公里,2019年市区建成面积约50平方公里,城区常住人口不到40万。从区位和人口基数来说,梅河口都不占优势。但东北不夜城就是在这样一个条件下,创造了"点亮东北,从梅河口开始"的神话。一个商业步行街区,究竟为何会如此火爆?

其中最重要的原因,是其精准切合消费者需求,以用户思维打造了大量可体验、可传播内容。

在这个以精致国潮文化为主线、以关东文化为特色的穿越式体验街区内,有国潮门店招幌,有贩夫走卒,有瓦当酒肆,有古风NPC互动,还设置了镖局走镖、士兵巡城等丰富的互动场景。

在街区中轴线上,设有梅河风驰、长白女将、长白墨客等19个行为艺术表演微秀场,成为街区中名副其实的"流量担当"。让游客来了想拍，拍了想晒，晒了想嗨，形成消费闭环。

同时，东北不夜城在一年只有五个月的运营期内，做到"周周有活动、月月有节过"。在篝火晚会、傣族泼水节、"不倒翁小姐姐"等活动和表演中，游客的参与感和互动感都得到极大提升。

这个文旅超级物种的诞生，一是源于当地政府的魄力和高效执行力，二是离不开项目执行方锦上添花文旅集团的精准占位及其多年的经验和资源积累。它的成功经验，为文旅行业带来不少启示：

一是"投入小，时间短，落地快，迭代快"的商业模式。

升级迭代缓慢，难以适应消费需求变化，是传统文旅的主要痛点之一。作为一个"可以移动"的街区，东北不夜城1.0从施工到迎客，仅用了17天时间，以相对轻量级的投入，超额完成了运营目标。

此外，秉承"常变常新"原则，东北不夜城2.0的设施和演艺更新率达60%，同时新增云南酒吧街、月亮湾元宇宙集市等新业态。不断产出新产品、新演艺、新场景，这是东北不夜城保持活力的重要法则。

二是注重运营前置，以用户思维和内容思维去做产品，让项目从创意、立项阶段就具备市场生命力。

东北不夜城之所以能够收获许多"自来水"，实现口碑传播，是因为在产品的策划设计阶段就将运营前置，找准定位，切合用户需求，通过内容设计创造了内容传播的基础。

如今，东北不夜城及其相关话题在抖音上的播放量已超过1.6亿次。东北不夜城这个迅速发育成长的新物种，也让梅河口这座城市迅速破圈。

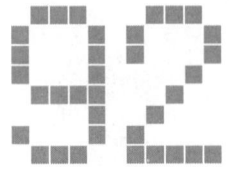

这有山,一个不是购物中心的景区

在很多人的印象中,长春的这有山是一个有着浓重文旅色彩的购物中心。但其创始人吕兴彦很坚决地否定了这一认知。

他说他宁愿做一个有很多缺陷的景区,也不愿做一个有文旅色彩的购物中心。

这有山所在的商圈,集中了长春几乎所有的知名商业综合体,如欧亚、万达、亚细亚、巴黎春天、地下商城等。作为曾就职于卓展、欧亚、沃尔玛等企业的老商业人,吕兴彦对购物中心的未来有自己的判断。他认为在目前这个地块,干商业必死,于是提出"不打麻将,改打斗地主",也就是我们经常说的换道超车。为了与过往一刀两断,他甚至不惜矫枉过正,团队里面几乎一个搞购物中心和零售的人都不招录。

让吕兴彦选择换道超车的原因是他对于购物中心业态的深刻认知和对行业的无力感。同时,他还看到这十几年来,国内旅游行业一直是在往上走,呈现出明显的上升趋势。

这有山项目前无古人,当时他心里也没底。他告诉我们,在七年的项目筹建过程中,投资人才来了一回,但却给了他充分的信任和支持。他曾经跟投资人交流,说这个项目的投资金额在十个亿之内,有可能干成,但也有可能干不成,你需要有这样的心理准备。结果投资人给了他一句很硬气的回答:"有思想准备!"

吕兴彦说,没有工期刚性约定、没有刚性预算、老板充分授权,是这个项目成功的三大因素。

2019年10月1日,这有山满铺开业,装补零、免租零。

在这个6.5万平方米的面积里,这有山针对3—24小时短时间无目的休闲、度假的人群,打造了一个具有强烈年代感的现代山丘景区小镇,一个城市微度假中心及社交目的地。

开业以来,这有山的客流量平时一天近两万人,周末三万左右,黄金周五六万人。2021年,全年游客达到800万人次。

即便是在三年疫情中,这有山也做到了当年即盈利,2021年和2022年也都有可观盈利。

吕兴彦是一个老招商人,很熟悉名品招商,但最后他放弃了对招商的参与。因为他曾经亲自引入过几个他喜欢的品牌,结果都不理想。后来他完全依靠年轻人,觉得年轻人比他更懂消费者需求。因为这有山的客群就是年轻人,35岁以上的很少。

这有山现在130多家商户,三年换手70多家,其中,餐饮的比例占50%左右。租金也持续提高,比周边商场高40%左右。

过去购物中心是依靠大牌带动流量,现在这有山是靠景区的高流量带动高租金。

我们经常说,干掉你的往往不是这个行业内的竞争对手,而是外部进入者。这有山是在尝试重做综合体业态,而这对于景区来说则是一个挑战。

在一个"一切皆文旅,文旅赋能一切",以及商业和文旅边界日趋模糊的时代，新的业态、新的物种在不断分流和蚕食原来属于景区的蛋糕。但同时，景区是否也应该从这有山的试验中得到启示呢？当景区拥有充够多的流量时，它如何通过引入更多的商业元素，来实现更广泛的价值变现呢？

这是未来很多景区破题的关键。

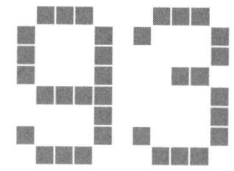

锅碗瓢盆刀叉蔬菜成就的超级秀

有这么一场秀,它曾经征服世界 50 多个国家,300 多座城市;它拥有多达 4000 次的海外演出,全世界超过 1000 万的观众,以及保持 23 年演出零差评的超级纪录;它使用的主要道具是锅、碗、瓢、勺、刀、叉甚至是扫帚;它消耗了多达 227600 颗洋葱、455200 根黄瓜、364160 颗包菜……它在打击乐的表演基础上,融合了武术、杂技、魔术等形式……

它的原名叫 NANTA(《乱打》),意为疯狂地击打。它巧妙地把韩国传统的四物游戏打击乐节奏作为题材,结合西方音乐剧的表演形式,重新改造后搬上舞台。

现在这场秀已完全汉化,成为隶属于正佳集团旗下的演艺品牌——《乱打神厨秀》。

中文版《乱打神厨秀》的演员均来自中国,在基于厨房的环境下,将故事情节转移到中国背景的情境中,并融入中国文化特色,更能贴近中国观众,引发情感共鸣。非常特别的一点是,这些演员中,有些甚至不是专业演员出身。据介绍,由于这部戏的排练十分艰苦、枯燥,最终修成正果的只有那些真正热爱表演,愿意为节目付出心血的人。

这个演出演员人数少,节奏强劲,趣味性强,充满激情和活力,特别适合年轻人和亲子家庭。除了长期在正佳剧场驻场表演外，《乱打神厨秀》还经常受邀外出演出，所到之处无不大受欢迎，成为文旅项目、商业项目的适合插件。

正佳商场最近品牌升级为"正佳星球"。正佳广场由一个曾经独占鳌头的商业综合体华丽转身为文商旅学综合体，除了它的规模外，混合消费是它最大的竞争优势。而《乱打神厨秀》作为一个自创演艺品牌，也很好地助力正佳星球完成了其"世界级城市中心文化旅游目的地"的产品拼图。

第六部分 个案点评

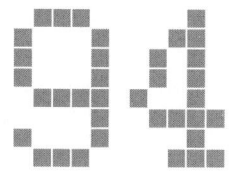

城市微度假就去正佳星球

疫情期间，文旅行业哀鸿遍野。但是，也不是所有企业和业态都那么不堪。比如，随着大规模流动的被限制，以及个性化、小团体、高端化度假的需求，微度假这个业态这两年其实是大行其道的。不仅没有受到太大影响，在很多地方，微度假甚至逆风飞扬，业绩超过疫情前。

除了城市周边的微度假外，城市中心的微度假同样值得关注。相较而言，城市微度假项目通常距离更近、出行成本更低、出行更环保、单次消费更合理、消费业态更丰富、消费频次更高。

以被誉为世界级城市中心文化旅游目的地的正佳广场（现已更名为正佳星球）来说，它地处广州核心商圈天河路，拥有无可替代的区位优势，且交通四通八达，城市居民通过公共交通工具须臾可至。更重要的是，通过超前的思维和部署，正佳早已跻身国家级4A景区行列，拥有包括正佳极地海洋世界、正佳热带雨林馆、正佳自然科学博物馆、正佳大剧院等在内的一系列文化旅游项目，完全颠覆了消费者对于购物中心的概念，成为一个文商旅学综合体，从而跳出和引领了购物中心领域的竞争。2021年，文化旅游部为正佳颁发了首批国家级夜间文化旅游消费集聚区的称号，更是对正佳的文旅属性和行业地位的高度肯定。

正佳目前正在通过推出正佳星球畅游卡的方式，强化城市微度假的消费者心智认知。正佳从商业综合体转换赛道至文旅行业后，需要对消费者进行独占性的心智认知，而"城市微度假"这个定位对于一站式提供购物、美食、主题旅游、科普教育、文化演艺、酒店住宿等全面服务的正佳广场来说，简直就是为它度身订造的概念，再适合不过了。它成为正佳广场摆脱商业综合体"红海"进入文旅行业赛道后的一个差异化竞争优势。

正佳并不满足于现在的业态，它们后续将推出更轰动性、有可能造成万人空巷效应的"核武器"。在这里我们先卖个关子，请大家届时一起见证奇迹。

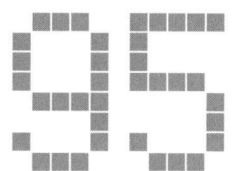

"长安十二时辰"为什么不靠广告就能火？

2022年5月28日开业的长安十二时辰是2022年文旅市场上的一匹黑马。之所以这么说，是因为首先它并不是大家所熟知的文旅业态。它与长春的这有山有异曲同工的地方，都是景区型的室内空间；其次是它的爆火速度和热度都非常惊人。

长安十二时辰被称为热门剧集IP+沉浸式娱乐+主题餐饮+国潮零售的新消费综合体，以"唐食嗨吃、换装推本、唐风雅集、微缩长安、情景演艺、文化盛宴"六大沉浸式场景为核心，让消费者可以"一秒入唐"。

2022年五一试营业期间，长空十二时辰这个空间共挤入6万余人，全网曝光量突破2亿，位列抖音热榜全国第四。

长安十二时辰的火爆，在我看来有几点原因。**一是西安这座城市为这个项目铺垫和营造了强大的势能**。这一点是不可否认的。但好在这个项目又巧妙地找到了差异化的维度，在"大唐不夜城"之外，打造了"小唐"的市井生活消费场景。**二是强IP的价值**。长安十二时辰源自热播网剧《长安十二时辰》，有很强的主题吸引力。**三是投资规模及产品打造的用心**。这个项目的建筑面积约2.4万平方米，投资规模超过1.5亿，其对场景的精致复原，以及在运营过程中对于体验的极致打造，是其成功的主要原因。

长安十二时辰对于北方地区文旅项目的痛点也给出了一个很好的解决方案。它根本性解决了北方地区因为天气原因所导致的淡季问题，实现了"四季如春"的体验。

据了解，长安十二时辰在宣传推广方面花费甚少。于是就有人认为，文旅项目火爆，与市场营销和品牌推广似乎也没有必然联系啊？

其实这是一个很大的误解。

首先，好的产品就是最好的营销。产品定位、品牌定位、市场定位准确，产品投入力度大，项目品质高，就为营销奠定了很好的基础。这是一种营销前置。也可以说，项目方是把一部分的营销经费转移到了项目的打造上。

其次，高品质的运营也是一种营销。长安十二时辰大大小小的演出和场景表演接近一百项，演员近百人，创造了丰富的体验和UGC传播的契机。运营方每个月投入到演出上的成本就达200多万元。另外，在内容传播上，运营方也投入了大量的精力和资源，比如邀请各类名人体验、背书，打造系列化的传播内容等。在一个社交化传播的时代，品牌的传播费用主要应该用于激发社交化传播和内容的精致产出上。长安十二时辰是这么干的。只有河南·戏剧幻城也是这么干的。

最后，占尽天时的优势。长安十二时辰诞生之时，正值行业极度萧条之际，行业甚少新项目出现，行业信心大大受损。它的出现，成为媒体、政府和行业关注的焦点，成为大家追捧的团宠。

所以，长安十二时辰给我们的启示是，一个好的文旅产品，不仅需要好的营销，更需要营销战略，需要营销前置，需要通过创意和内容制造来创造社会化营销的全民狂欢。

为什么《阿波罗尼亚》会大受欢迎？

在上海很火的"环境式驻演音乐剧"《阿波罗尼亚》进入广州后，我专门去观摩了一下。这部戏火到什么程度呢？在疫情之下，上海场一年半下来演了500多场，几乎场场爆满，复购率高达60%，十几刷成为常态。

看了同样火爆热烈的广州场演出后，我分析了一下这部戏火爆的原因：

一是音乐剧开始走进大众。随着《声入人心》等节目的火爆，音乐剧由小众而逐渐被大众所认识和欣赏。

二是出色的体验感。由于每场只接待150位左右的观众，观众与演员的互动感、贴近感非常强，能够得到很棒的沉浸式体验。

三是演员的个人魅力。三位男演员角色在男女之间不断转化，而演员对于无论本色的男角还是反串的女角，都演绎得非常精彩。这种雌雄同体的魅力，是小女生们很难抵挡的。这也难怪这个戏八成的观众是女生。而多刷的原因在于很多观众为了看相同的或不同的卡司。演员和观众之间形成了类似偶像和粉丝的紧密关系。

四是这部戏背后的营销做得很好。与大剧院的演出不同的是，《阿波罗尼亚》在戏的末尾甚至鼓励和煽动观众拍照分享和互动，让观众的分享欲望得到充分的释放。它还很注重周边产品的开发，推出不同演员的明信片、角色徽章、歌词本，还会在社交媒体上发布类似综艺花絮的短视频。

与那些大制作的剧不一样的是，《阿波罗尼亚》场地小（大约两三百平方米的面积），灯光舞美比较简单，演员人数也很少（只有三位），这些都使得它的成本可以得到很好的控制。上海的亚洲大厦有十几场这样的小剧场演出，其中既有音乐剧，也有话剧、舞蹈、喜剧、环境式互动秀、复合区戏剧等。亚洲大厦甚至被称为中国的"外百老汇"。据报道，这些演出，投资回报的周期最慢两三年，最好的 200 场左右就能收回投资。

新冠疫情加剧了分众化时代的到来，使得小众化的内容越来越受到青睐。而互联网背景下的长尾效应又可以很好地覆盖成本，让类似这样的产品和服务得以较好地生存。

在演艺市场，既有大剧院的存在，也有像鼓楼西、《阿波罗尼亚》这样的小剧场、小演出；在音乐市场同样如此，既有草莓音乐节、风暴电音节这样的大规模演出，也有各地风起云涌的 LIVEHOUSE，还有比 LIVEHOUSE 更小型化的艺术空间，如广州的知乐艺术空间。

这再次验证了我的一个观点，即在未来，小而美的产品和服务将获得更多的机会和更合理的财务回报。

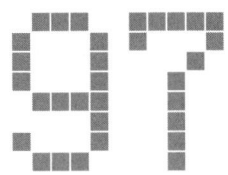

中国文旅界的博涛现象

2021 年以来,我一直在关注一个企业:大连博涛文化。

之所以如此,是因为它的机械巨兽、《无上龙门》和熊洞街,让我看到了 B 端企业的雄心和可能。

博涛文化过去最有名的作品是《中华巨马》。可能是因为我去过法国南特,对那里的巨象印象深刻,所以我对能打破国外技术垄断的博涛早有关注。

博涛的董事长肖迪先生被行业称为"中国巨兽之父",这个称号他是当之无愧的。他和博涛文化打造的巨兽遍布全国景区。中华巨马、机械动能虎、麒麟金璃、巨熊北北、凤凰机甲分别成为开封清明上河园、山东台儿庄古镇、湖北襄阳华侨城、大连熊洞街、江西吉安等地的地标,金色巨牛还登上了央视春晚。最近他还向上海海昌交付了"海陆机甲巨兽巡游阵队"。肖迪所打造的巨兽不仅具有强烈的视觉冲击力,而且具备文化 IP 属性,因为每一只巨兽都是根据当地文化度身订造的。

博涛的巨兽产品的出现,解决了"景区缺内容,文化缺载体,游客缺体验"的问题,是文旅行业在进入新时代后的必然选择。那些结合高科技、创意、文化且具有感官震撼效果的产品一定会大行其道。

但肖迪和博涛的雄心已不止于此。2022年他们陆续开张的《无上龙门》和熊洞街项目，表达了他们不甘于只做一个产品供应商，更希望成为文化旅游市场开发主导者的雄心。

《无上龙门》项目位于洛阳龙门石窟景区，是一个体验洛阳和龙门文化的球形影院，由博涛文化和景区共同投资3000万打造。据了解，开业后，这个项目受到市场热捧，在非疫情状况下，日接待游客6.5万人。这个项目的价值在于，小而精、沉浸式、高颜值，文化感强，体验感强，特别容易激发游客打卡分享情绪。它符合了当下热门文旅项目的一切要求，且投资少、游客承载量大。

熊洞街是博涛文化在单体机械巨兽的基础上，基于未来消费趋势所做的一次文商旅结合的创新实践。它由一只巨熊"北北"和两条大街组成，用文化、科技、艺术结合的方式，打造了一个尖叫地标，并通过巨熊北北这个超级IP，把文旅和商业这两个很难融合的业态有机融合到一起。熊洞街包括巨兽巡游、主题游乐、时尚文创、科技研学、特色美食、嗨玩夜场、主题活动等元素，试业两个月不到，共接待游客21万人次，仅抖音单一平台的曝光量就达到两亿以上，成就了一个"本地人的欢乐街，年轻人的理想国"。

这两个项目，一个很符合我过去提到过的"插件"思维：小而美、投资少、见效快，可以快速与大流量景区形成双赢和互动，并迅速复制形成规模效应。另一个是IP赋能的典型。在熊洞街这个项目中，"熊北北"不是一个产品，而是一个IP。它赋予了熊洞街个性和生命，并以此为基点，打造蒸气朋克和赛博朋友街区、主题娱乐场景、文创产品，甚至是基于自我IP和科技创新能力的研学，形成了一个完美的闭环。

通过这两个项目，博涛从 TO B 走向了 TO C。更重要的是，它从价值链的下游走向了上游，成为文旅项目的开发者、主导者。肖迪是一个从小喜欢奇幻故事的理工男。他一直梦想将中国传统典籍中的故事和 IP 通过"文化 + 科技 + 艺术"的方式，具象化到一个原创的"东方奇幻乐园"中。现在他迈出了第一步，博涛文化在文旅行业的价值和意义也因此举而完全不同。

以博涛为代表的这种尝试，从根本上改变了 TO B 端企业的运营模式。在一个缺 IP、缺可体验内容、缺爆点产品的时代，博涛文化的尝试有着开创性的价值。未来，它的 TO C 业务会成为 TO B 业务的最佳展台，成为其探索和把握消费者和文旅发展趋势的最佳试验场。

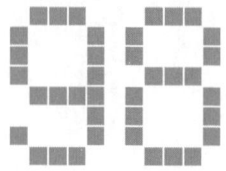

为了一颗"蘑菇",奔赴一座城

2022年8月份,我们应邀去贵州兴义考察,无意中发现了一个"宝藏"酒店。这个酒店的房价从400多到3000多,全部客满,而且订房要等到十一黄金周以后。这家酒店叫蘑菇野奢酒店。

蘑菇野奢酒店是国内首个以蘑菇为建筑主题的度假酒店。以当地特色的野生菌鸡枞、青头菌、红菌、牛肝菌等为设计元素,结合美学、人体工程学、现代审美观等,经过艺术创作,以夸张的建筑手法建成。

童话般奇幻的酒店,加上贵州醇景区优美的生态环境、一望无际的花海、漫山遍野的卡通人物、阳光梦幻王国主题公园等,共同形成了一个兴义当地人微度假的目的地。

这种火爆局面的形成,一方面是由于目前"度假"已取代"观光",成为文旅消费的最主要驱动力。近郊游、微度假,为了一间房、奔赴一坐城,已成为趋势和潮流。

兴义本身就是一个一百多万人口的城市,这里有着极低的房价,这里的人们有着热爱生活的态度,再加上酒店本身的稀缺性,这诸多因素共同促成了蘑菇酒店对本地高端亲子人群的强烈吸引力。

另外一方面,作为中国新兴的山地度假目的地,兴义有着绝佳的自然风光、丰富的少数民族文化特色和历史底蕴,同时,在全球日渐升温的背景之下，它还为川桂粤等省游客提供了一个避暑的绝佳选择。

疫情三年来，旅游行业可谓损失惨重，但我们也看到不少景区和业态呈现出顽强的生命力甚至逆势增长。以高端住宿为核心的微度假项目也是其中相对受影响较小的一类。这类项目往往有几个特征，一是所处的地理位置和自然环境绝佳，二是有很强的设计感和网红特征，三是有良好的微度假配套。而兴义所拥有的全国一流的自然风光、城景一体的地理环境，再匹配以酒店的童话风设计及调性拉满的"音乐节、露营节、研学营"等，都让这个宝藏酒店快速出圈。不仅在本地声名鼎盛，而且美名远扬至外地。

随着国内大循环的日益加强，贵州、云南、新疆、西藏等这些地区将迎来黄金时代。而作为三省交界之地的兴义，毫无疑问拥有发展高端旅游的天然优势。甚至有人提出贵州要对标世界山地旅游的标杆瑞士。兴义不缺世界级风景，不缺文化特色，不缺美食，甚至有着可媲美一、二线城市的活力和创意，所以，兴义不兴，绝无道理。

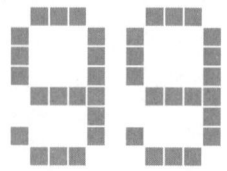

入住维港湾1号，你就是女一号！

随着"为了一间房，奔赴一座城"成为旅游的新趋势，不少民宿产品近几年大受欢迎。我总结了一下民宿产品成功的几个要素：一是绝佳的自然环境；二是令人惊艳的设计；三是丰富的活动体验；四是独特的人文价值。拥有这四个因素中的一个，就有可能脱颖而出。

维港湾1号位于惠州东部的十里银滩，是一家由25间主题客房组成的民宿。虽然坐拥一线海景，但我认为，维港湾1号提供给消费者的最大价值并不在此。

维港湾1号是国内独一无二的影视主题的度假公寓。它的主理人郭一林女士是国内著名的影视制作人，在影视界拥有很高的声望和很好的人脉。它的影视博物馆是拥有国内影视剧DVD数量最多的博物馆，藏有近万部，几乎囊括了中国影视界近40年来拍摄制作的所有作品。同时，它的25间主题客房极具个性，它们分别是以《长歌行》为主题的动漫风、以《爱丽丝漫游仙境》为主题的童话奇趣风、以《疯狂的麦克斯》为主题的赛博朋克风、以《情定爱琴海》为主题的地中海浪漫风、以《长安十二时辰》为主题的梦回唐朝风、以《我是歌手》为主题的轰趴房等等，还有上海滩、走进非洲、美式田园、陕北风情、工业风、淑女屋、汽车总动员等风格。特别值得一提的是，还有一个以书籍为主题的黄金屋主题民宿。

这些主题客房由四次荣膺台湾电视金钟奖最佳美术指导的黄志鸿亲自设计和施工把关，主题及场景的精致程度远非一般的主题民宿可以比拟。同时，每个房间里的陈设及摆件都很有来历和讲究。有的是艺术家创作手稿，有的是明星戏服，有的是民宿主人从世界各地淘来的艺术品，有的是见证民宿主人心路历程的信物。在这里，随着不同主题场景的转换，入住者体验的是不同的场景和人生，触摸到的是生动、有趣的灵魂。

维港湾1号的推广主题挺有意思：戏梦人生——入住维港湾1号，你就是女一号！这个主题活动很好地表达了维港湾1号的独特价值。通过侯孝贤的超级符号《戏梦人生》，表达了人生虽不是戏，但人生可以如戏的独特消费体验。让入住者在不同的消费场景里，沉浸式地体验不同的人生。而且，由于精致丰富的置景，以及贴心准备的戏服，入住每一间民宿，都能产出令人惊艳的大片，无论是照片、海报还是短视频，都能让入住者秒变主角。这个卖点深受年轻群体和亲子家庭的喜爱。

与周边的别墅型民宿相比，维港湾1号没有上有天下有院的优势；与周边的公寓型民宿相比，维港湾1号没有价格的优势，但选择维港湾1号的人理由肯定很充分，那就是它独特的人文价值和沉浸式体验感。

除了影视主题和25种奇幻场景外，维港湾1号最美的风景是人。都说民宿最大的魅力来自民宿主，这句话在维港湾1号身上体现得非常鲜明。主理人郭一林年近七旬，但豪迈大气，志在千里，交游甚广，而她身边的管家姐姐或哥哥，个个都是五六十岁以上的高感性人群，不仅气质优雅，而且都拥有非常丰富和成功的人生。他们有的曾经是主持人，有的曾经是纪录片王牌制作人，有的曾经是国企高管。丰富的人生经历赋予了他们强大的人格感染力，让他们每个人都是民宿导游员，每个人都是"真人图书馆"，不仅可以为入住者提供常规的民宿服务，而且能利用其专业背景和阅历，与到访者分享丰富的人生感悟和专业知识。

朋友金杜的民宿宛若故里被媒体提炼出"七个闺蜜抱团养老"的故事，年长两轮的郭一林和她的朋友们是否也在抱团养老呢？郭姐给我的回复是：我们是抱团奋斗。她和她的朋友们都在努力开创自己的第二人生。这种虽然已近古稀仍拥有充沛的生命力，潇洒活出人生新境界的情怀故事，也是维港湾1号打动许多人的地方。

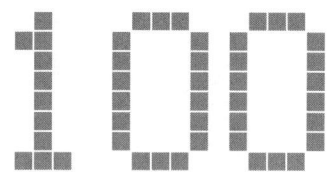

我们应该向长隆学习什么?

长隆毫无疑问是中国文旅的一个标杆企业,文旅行业不少企业都在研究长隆,学习长隆,但是,我们应该向长隆学习什么呢?

是它的业态、它的规模等这些显性的东西,还是它的内在价值?

作为一个曾经在长隆从事过14年品牌和营销管理工作的"内部人",我觉得大部分的长隆"学生"并没有领悟到长隆的精髓,或者修为上达不到长隆那样的境界。

过去我在长隆期间,也为媒体总结了一些长隆的经验。走出长隆换个视角后,又有一些新的感悟。总体而言,长隆有如下优点值得大家学习:

一、**敢为天下先的雄心和魄力**。当年长隆在一无土地、二无资金、三无动物、四无专业人才的情况下,进军动物园行业,其胆识非一般人可比。长隆当年搞马戏节,一出手就超越全球许多老牌的马戏节品牌,成为国际马戏界的翘楚。

二、**高举高打的经营思路**。长隆的项目,不是世界第一就是亚洲第一。它对标的是世界上同类产品中最好的,这使得它的产品一出世就光芒四射。好的产品一定会受欢迎,这在上升期的中国市场是一个笃定的规律。长隆很好地把握了这个逻辑。

三、**持续创新精神**。长隆产品保持着持续性的更新迭代。比如动物园每年都有新区诞生或新动物引进，马戏团每年都有新节目引进或大的优化等。这不仅是实力的体现，也是追求卓越的精神体现。

四、企业家的工匠精神。长隆的老板苏志刚先生应该是中国文旅界最具工匠精神的人。他对产品的精益求精，对既定目标的坚韧不拔，都是这个行业罕见的。在他那里，一个方案几十易其稿是常事。追求极致的努力成就了一个优秀的长隆。

五、灵活、集中的决策机制。这是我在长隆所获得的一个很强烈的感受。中国很多企业做大后就陷于"大企业病"中，比如我们后来接触过的恒大、万达等企业，在决策和运营效率上，与长隆有云泥之别。长隆之所以以"小米加步枪"成就"中国文旅第一品牌"的美誉，与以快打大、效率优先的经营作风有很大关系。长隆老板亲力亲为，亲自决策，但同时也有合理的分工和授权，因而决策迅速，执行雷厉风行，整个系统效率很高。

六、注重企业形象和讲诚信。在我的印象中，长隆从不拖欠供应商和合作伙伴的应付款。这一点说起来容易，学起来太难，相信很多企业都有感受。一个企业要发展长远，必须要得人心，受人尊重。长隆在这一点上的表现是超越90%的中国企业的。

当然，天时地利人和和三十年中国经济的繁荣发展，也是长隆成功的非常重要的原因。

不考虑上述种种因素，不学习长隆的精髓，只是照抄长隆的产品，挖一些长隆的员工，打一些"XX的长隆"的旗号，是不可能获得成功的。

附录

经典营销理论在文旅行业难以奏效时，我们的解决之道在这里！

这是一篇系统表达时代文旅和我个人理论的文章。它成文于2018年。现在看来，当年的思考完全正确和具有前瞻性。虽然前面的正文分别对于本文中的观点作了细致的分解和示例，但这篇文章的整体性和逻辑性是碎片化的内容所不能完全取代的。

特附录于此。

17年前（2005年），我有幸进入一个现在被称为朝阳行业的领域，陪伴并深度参与了一个企业从地方品牌走向全国品牌的全过程。

一年前，我离开这个企业，成立"时代文旅战略营销顾问公司"。

通过与文旅行业的广泛接触，我们深深感受到，国内文旅行业的品牌塑造和营销管理还处于一个非常滞后的状态。

大部分的文旅企业，或对文旅行业底层逻辑缺乏了解，仍然沿用过去在其他行业的成功经验；或缺乏战略性思考，见招拆招；或缺乏资源，有心无力；或缺乏对快速发展的时代媒体和受众变化的洞察，刻舟求剑。

它们很难像我曾经所在的企业那样，既有二十多年的经验沉淀和工匠般的坚守，又愿意在品牌和市场推广上投入足够的资金。这甚至也成为外部服务公司进入的屏障。因为在大多数第三方服务公司看来，这是一个规律很难把握、运营非常烦琐，同时利润又相对较低的行业。毫不夸张地说，这个行业几乎没有优秀的、可引领文旅企业前行的第三方服务商！

在其他行业被运用得淋漓尽致的营销战略和战术，在这个行业似乎也失去了光环效应。下面，我们以定位理论为例，分析为什么在文旅行业面前，那些大师级的招数会遭遇南墙。

■特劳特的定位理论

上个世纪 60 年代末，杰克·特劳特和艾·里斯创立定位理论，指出企业之间的竞争是争夺用户心智的战争。之后这一理论在实战中不断取得成功，从此风靡全球并流行至今。但这个理论真正在中国取得丰硕成果是在 2002 年之后。

2002 年之前，品牌和营销界的绝对权威理论出自奥美。这个时候，出现了一位挑战者。他的名字叫邓德隆。他在我当时创办的《赢周刊》上发表了一系列文章，叫《不同于奥美的观点》。

从此，定位理论走入大家视野。邓德隆目前已成为特劳特创办的特劳特公司的全球总裁。

笔者很早就接触到了定位理论，并对这个理论产生了浓厚的兴趣。20 年前，我们与邓德隆等人经常在一起研究切磋定位理论。我从中得到很多启发，并不断在工作中实践，2000 年由我创办的《赢周刊》可以说是定位理论在中国最早的实践者之一。

在弃文从商从事企业营销和品牌管理的 17 年中，定位理论也一直是我的傍身利器，其思想和方法已成为我的血液和基因。

定位理论在美国的成功毋庸赘言。它在中国的成功案例也是非常之多，特别是 2002 年特劳特中国成立以后，定位理论迅速在中国打开市场，众多企业凭借定位理论或起死回生，或大杀四方。

其中加多宝（原王老吉）的案例最为出名。在品牌尚未改名前，一句"怕上火，喝王老吉"的口号可以说是响彻大江南北。依靠"预防上火的饮料"这一定位，加多宝（原王老吉）的销售额甚至超过了可口可乐，成为"中国饮料第一罐"。在特劳特中国的服务期间，加多宝（原王老吉）的销售额从 1 亿元增长到 200 亿元。

瓜子二手车直卖网也是一个值得一提的案例。"没有中间商赚差价"这句广告语，相信大部分读者都听过。通过"二手车直卖"的定位，瓜子二手车直卖网成为二手车销售行业的领军品牌。此外，东阿阿胶从低端的阿胶品类成为主流人群所青睐的"滋补上品"；青花郎凭借"中国两大酱香白酒之一"的定位迅速跻身中国白酒一线品牌；劲霸男装成为中国高级时尚夹克领先者……

这些成功背后的推手都是高举定位理论大旗的特劳特中国公司。可以说，定位理论不仅是"有史以来对美国营销影响最大的观念之一"，对中国企业营销的影响也非常深远。

■ 21 世纪新定位原则

但是，即便是定位这样伟大的理论，同样解决不了文旅行业所面临的问题。因为定位理论的思维方式和实际操作不能完全解决文旅行业品牌和营销的根本性问题！

定位理论的打法大概可以简单描述为：为产品找到有别于竞争对手的差异化优势，开创一个全新的品类（或说法），通过巨量的广告轰炸强力塑造消费者心智，最后实现品牌和销售的快速提升。

这个打法的重要前提就是"饱和攻击"，即通过铺天盖地的广告投放来迅速达到效果。而这正是文旅行业的阿喀琉斯之踵所在——文旅是一个利润相对微薄，营销费用不高的行业。

加多宝当年的广告费用动辄超过 10 亿，东阿阿胶 2017 年广告费用超过 13 亿，瓜子二手车直卖网一年的广告费用同样在 10 亿以上……对很多文旅企业来说，这是经营中不能承受之重。可是，缺了饱和式广告攻击的配合，定位理论的效果势必大打折扣。

文旅产品是一种特殊的服务产品，其营销范式有异于实体产品（无论是快消品还是耐用消费品），从消费行为角度看，它是一种复杂、低频、高风险、高介入型的交易。高介入意味着消费者会将旅游经历和自我相关联，在搜寻信息和分享行为上耗费大量动机，也更加依赖非商业化信息（如各种线上线下口碑）。

从动机上来讲，旅游行为本质上是一种精神性消费，但却是通过身体的移动、通过与环境和事件的互动来实现，来获得经历并触发内在感受。它既指向外部（文化差异、旅游吸引物），也指向内部（自我、身份、人生经历、社会关系）。它的决策过程相对漫长，必须通过长时间的复杂的传播来完成消费者的心智占领和品牌建立。寄希望于一句口号和广告的狂轰滥炸就能解决企业的品牌建设和销售问题，是注定行不通的。

无论从行业的利润水平和广告投入力度，还是从消费者的决策模式来看，文旅产品的营销都更像是一种老火煲靓汤的过程。

定位理论产生于 20 世纪 60 年代。即便是这一理论的发明者，如今也在反思：随着媒体和消费者行为的变化，21 世纪不应该成为广告的世纪。

定位理论的提出者之一里斯在《21 世纪的定位》里说，20 世纪，广告在打造品牌的过程中扮演了核心的重要作用。顾客没有其他选择，如果要不断获取关于新产品和新服务的信息，他们就不得不阅读广告。但到了 21 世纪，进入顾客心智的最好方法是运用公关。公关第一，广告第二。当品牌已经通过公关建立起来以后，品牌才需要利用广告来防御竞争对手。

里斯在"21 世纪的定位原则之新定位原则"中提醒，"新品牌应该用公关启动，而非广告"。他甚至举例说，特斯拉几乎不投放广告，然而这个品牌受到的关注度超过其他任何汽车品牌。

为此，他和女儿一起，专门合作撰写了一本书《公关第一，广告第二》。（这里所说的"公关"，并非传统意义上的公共关系，而是广告之外的一系列整合营销的总和。）

对于文旅行业来说，定位是一个最基本和最重要的动作，但不是唯一的动作。而且，与其他行业不同，文旅行业的定位必须在产品规划之初就开始介入。这就是为什么时代文旅在服务客户时，都非常强调不仅要做品牌定位，而且要做市场定位和产品定位。只有这三个定位明确，企业才能确定正确的路线，达至纲举目张的效果。

因为定位理论所提倡的为了聚焦而进行的产品线调整，对于其他行业的企业来说是相对容易的，但对于重资产、高沉没成本的文旅行业来说是一个灾难性的选择。

定位理论认为，胜利不是存在于市场的终端，而是存在于潜在顾客的心智中。这对于文旅行业来说也不适用。文旅行业是典型的体验经济，消费者的体验感和口碑，对品牌会起到决定性作用。

仅仅靠一个定位口号的强制灌输，是不可能让消费者买账的。在很大程度上，文旅行业的胜利决定于终端表现。也就是说，园区的体验感和对体验感的分享，直接决定了消费者的购买决策。

文旅行业的高体验性特征和丰富的元素决定了它可以做很多低成本、高回报的营销活动。这是这个行业与其他行业在营销上最大的不同和优势。它完全可以不用像其他行业那样通过简单粗暴地砸广告来实现品牌和销售双赢的目的。

同时，文旅项目本身既有自己的场地、场景，也有大规模的人流，它完全可以作为一个媒体资源（从某种意义上来讲，每个文旅项目都是媒体）对价与其他品牌异业合作，或与媒体进行价值互换。

过去十年来，由笔者亲自主导的十多次传播效果第三方调查显示，影响消费者到园区消费的主要驱动力，不是广告，而是基于社交媒体的内容传播和口碑。

作为典型的体验经济消费，消费者消费的其实不是文旅产品本身，而是产品所带来的光环或衍生效应。所以，仅仅是强调产品的功能属性，或其与竞争对手某一方面的差异，是不足以让一个文旅项目深入人心并取得良好业绩的。

另外，定位理论在论述有形产品时，往往旁征博引，信心十足，但说到服务产品时，则语焉不详。比如《定位》一书在论及他们为比利时航空、邮递电报、长岛银行、天主教会做定位的经历时，就表现出明显的底气不足，一带而过。

所以，从根本上来讲，定位理论是必需品——无论对于个人、事业还是企业。但文旅企业需要的是超越简单的定位方法和粗暴的营销模式，通过符合行业规律、行业属性的新打法来建立自身的竞争优势。

以笔者的观察，在中国，企业做品牌有两种方式：一是通过饱和的广告攻击和巨量的销售，短时间内拉高知名度。在这方面，很多企业做了很成功的尝试。但问题在于，品牌的忠诚度并不高，随着对手的同质化竞争和同类化竞争，品牌的市场地位有可能受到根本性挑战（最典型的是新王老吉最终在同样的策略下干掉了后来更名为"加多宝"的原"王老吉"）；另一种方式是从消费者的角度出发，充分提升品牌的体验感和给消费者带来的荣耀感。

我曾经所在的企业长隆过去 14 年中所采取的就是后一种策略。在解决了品牌定位、产品定位和市场定位后，企业必须迅速把推广重点放在消费者的消费体验上来。说到底，消费者选择你，并不是因为你的过山车、演艺或动物，而是消费你的产品所带来的价值感。这正是塑造品牌的意义所在！

定位理论是一个伟大的理论，但是文旅营销有自己的逻辑，定位理论和操作上的简单直接解决不了文旅行业的复杂多元。尤其是，作为一个诞生于 20 世纪 60 年代的理论和工具，定位理论缺乏对当下传播环境、传播规律和传播技术的认知迭代。

■文旅营销的正道在这里！

笔者 2005 年进入企业从事品牌和营销工作，2018 年离开后创办企业，依然扎根于文旅营销领域，迄今从事文旅品牌管理和营销工作已有17年之久。

在企业期间，我提炼出一整套营销战略：娱乐化营销和企业媒体化生存。这套战略始自2005年我所提出的口号：我们不是一家旅游企业，而是一家娱乐企业；我们不只是一家企业，更是一家媒体。

为什么是娱乐化营销？美国企业管理专家斯科特·麦克凯恩曾经提出了一个非常著名的观点：一切行业都是娱乐业。

毫无疑问，我们正处在一个"娱乐至死"的时代，"娱乐正在重构一切行业规则，重新定义产品和消费者……从娱乐化的角度，用娱乐化的方式"。要想在高饱和市场中脱颖而出，你需要与你的客户建立一种情感联系，才能创造出一种客户无法拒绝的极致体验。而要建立这种情感联系，娱乐化的方式无疑是最有效的。

在媒体粉尘化时代，娱乐化营销是最有效率、最具穿透力的传播手段。在企业服务期间，我们几乎与所有的中国顶级娱乐IP都有过合作。如电影《爸爸去哪儿》《功夫熊猫》；真人秀节目《奇妙的朋友》《中国好声音》《奔跑吧兄弟》等；游戏《王者荣耀》《我的世界》；音乐IP草莓音乐节、春浪音乐节、风暴电音节、EDC电音节等等，极大地提高了企业的知名度和美誉度，将企业品牌通过与消费者追捧的IP捆绑，产生了奇妙的效果。

尤其是《爸爸去哪儿》大电影，以及与湖南卫视全方位合作的、原创电视综艺真人秀《奇妙的朋友》，可以说是长隆由地方品牌走向全国品牌的转折点和里程碑。

我们将熊猫三胞胎植入《功夫熊猫》，让品牌通过国际大片走进全球视野；我们引进草莓音乐节、春浪音乐节，将度假区打造成南中国音乐地标……除了与娱乐IP联姻，我们还自造大量娱乐事件，如十环过山车婚礼、万人比基尼、空中婚礼、国会里的足球赛等，持续保持媒体和消费者关注热度。

长隆可以说是目前中国娱乐化营销做得最好的文旅企业，而世界第一文旅品牌迪士尼本身就是一家血统纯正的娱乐企业。

至于为什么要企业媒体化,其原因也很简单。当渠道越来越贵,流量越来越贵,对于营销费用本就捉襟见肘的文旅企业来说,无疑是雪上加霜。那么,企业该怎么办?

我们来看一组数据:微信的用户数早已突破了 10 亿,微博用户数突破 4.3 亿,抖音国内日活用户突破 3.2 亿。这些社会化媒体正在以前所未有的速度颠覆媒介生态,重新定义传播生态,它们在互动体验和社交属性上具有传统媒体远远不能匹敌的优势。

2014 年,我预判到,基于自媒体的内容营销是未来的趋势。于是,我们开始发动营销战略升级运动,提出基于自媒体的传播、销售和数据库营销三位一体战略。最终的成果证明,我这个预判是对的。

截至 2018 年底,我曾服务的企业的自媒体在所有平台上的排名均在前三名,其中多项排名全国第一;自媒体矩阵粉丝超过 1000 万,单一微信号的年销售额在国内景区中处于领先地位。更为重要的是,我们通过自媒体平台掌握了用户画像,初步形成数据库营销格局。当然,除了我们,还有很多企业也尝到了自媒体的甜头,如故宫等。

未来一定是基于内容的社会化营销和数据库营销的天下,因此,企业要媒体化,企业家更要有媒体化思维。

■八个步骤,一个都不能少!

对于一个文旅企业或文旅项目来说,品牌及营销从战略至战术有八个重要环节或路径。一个成功的企业必须在这八个环节都竭尽全力,孜孜以求,才有可能在激烈竞争和不高利润下生存和发展:

一、坚持定位,持续更新;路线是纲,纲举目张;定位不可或缺,但仅仅是定位万万不能。企业需要在最初阶段就确定自己总体的品牌定位、市场定位和产品定位,并根据企业的发展,不断升级换代。定位时,必须解决这三个问题：我是谁？我的客户是谁？客户会为什么样的产品买单？

二、打造企业自媒体。 未来，所有的企业和组织，甚至城市，都必须拥有自己的自媒体。越早建立自己的自媒体矩阵，在未来的竞争中就越能确立优势。自媒体不仅具备传播功能，还可兼具销售功能、数据库营销功能。我想象不出为什么有的企业在自媒体建设上仍然迟迟没有动作。未来的企业不仅要有自媒体，而且要有媒体化思维，要"媒体化生存"。每位领导和员工都要自觉成为"媒体人"。20年前，尼葛罗庞帝提出《数字化生存》时，很多人也不以为然或不明就里，但事实证明，数字化思维的高度决定了企业的命运。

未来，企业自媒体的运作水平，将决定企业品牌和推广乃至销售所能达到的高度。

三、大规模定制化内容生产，强力抢占受众眼球。 长隆一年的新闻发布接近40次。频繁、大规模的新闻挖掘和发布（我们称之为：大规模新闻定制）以及事件营销，让品牌永远都保持在媒体的强曝光下。这种低成本、高权威背书的运作方式非常有价值。每个企业不仅需要建立自己的自媒体，而且还需要建立内容中央厨房。毫无疑问的是，未来一定是一个内容营销的时代，那种靠硬广轰炸的时代终将成为过去时。每个企业都需要一个首席内容官，内容营销将决定一个企业的营销水平。

四、强调节点活动设计，创造特殊时间点消费者游玩的理由。 节点设计是不次于产品本身的强大驱动力。主题公园一年中三分之一到一半的生意来自包括暑假在内的各节点的贡献。所以，如何在五一、十一、暑假、春节，甚至万圣、圣诞、复活节（针对港澳和海外市场）、三月三（针对广西市场）等节日，通过引进新产品、新IP或策划强有力拉动市场的活动，对于主题公园和景区来说至关重要。

囿于经验和能力，国内大部分景区在这方面表现不佳，浪费了大好的创收和倍增品牌的机会。长隆的万圣节是中国最好的、最具规模的万圣节活动；长隆与强IP《王者荣耀》的深度合作，是国内IP与园区合作的一个经典案例。这实质上是要求企业必须创造产品外的消费者体验。"消费者消费的不是牛排,而是煎牛排的滋滋声"。消费者来到景区,表面上看消费的是过山车、园区演艺或珍稀动物,但实际上,他们在乎的是这些消费后面所带来的价值感。

凡勃伦在《炫耀性消费》中提出的理论不仅适合奢侈品,而且适合所有的价值不菲的产品。消费者在消费主题公园过程中得到的是亲子陪伴的快乐,是作为父母的荣耀感和给予孩子的自豪感。这些感觉与高品质的产品高度相关,但不完全是一回事。企业必须学会讲故事、营造氛围,强化消费者的价值感,因为重要的不是你卖什么,而是消费者从你那得到了什么!

五、强IP合作。企业必须学会抱大腿,而强IP就是这样的"大腿"。无论企业自身多么强大,它始终只是在某一领域或某一业态上领先,但各种强IP所覆盖的人群的数量和线上线下所贯通的能量,却是任何一个单一企业所难以企及的。

因此,与核心消费人群所关注和崇拜的品牌的互动,如中国顶尖的真人秀节目、中国顶尖的音乐节、中国顶尖的游戏和动漫等,将大大加强景区品牌的张力和可亲近性,达到硬广投放远远无法企及的效果,让消费者对你的品牌产生认知、认同甚至崇拜。

六、整合营销传播。这是每个企业的传统业务模式,即在合适的媒体、合适的时机,以合适的形式投放合适的内容,包括硬广。这个路径比较传统,在此不再赘述。总之,所谓的大规模硬广投放、广告饱和攻击,只是这八个环节之一,且不是最重要的环节!

七、品牌联合推广。企业不仅要抱强IP的"大腿",还要抱比自己更有名、更强势企业的"大腿"。华为、爱优腾、湖南卫视、河南卫视、中国移动、可口可乐、苹果等等,都是这样的"大腿"。只有河南·戏剧幻城开业前与中国李宁的合作就非常出彩,让品牌迅速出圈。我一直说,景区是品牌最佳的展示场景,联合推广是景区性价比最高的推广手段。通过与国内顶尖企业品牌的联合推广，景区便可以借助对方的品牌影响力、流量、渠道甚至明星资源和资金，事半功倍地达到宣传推广的目的。当然，迪士尼的做法更高明——它在公园建立之初就绑定一批顶尖企业，共同打造园区的不同区域。这点也值得大家学习和借鉴。

八、让你的产品成为生活方式。全世界优秀的产品都是生活方式的载体，如苹果、可口可乐、星巴克等。在中国，长隆就是中国亲子家庭的生活方式，长隆万圣节就是年轻人的生活方式，草莓音乐节等品牌就是喜爱音乐的年轻人的生活方式，汉服和国潮也在迅速成为新一代年轻人的生活方式……

一旦产品成为生活方式，那么企业就将建立起强大的品牌护城河。

除此之外，每个有追求的企业还需要明确自己的使命、愿景和价值观。有使命感、奋斗目标并且三观正的企业才能走得更远，才能真正赢得消费者。使命、愿景和价值观让品牌人格化，它会拉近企业与消费者的距离，让消费者产生认同感和追随欲望。

上述八个步骤没有经年累月从事一线实战营销、没有对文旅行业的底层逻辑有深入洞察、没有高屋建瓴的顶层设计能力，是不可能透彻领悟并形成方法论的。

基于内容的社会化营销，将是未来企业最为重要的抓手。改变的可能是形式，但不变的永远是内容和生产内容的能力！

新的时代，呼唤新的理论和实操体系。定位＋娱乐化营销＋企业媒体化生存，是我们能看到的目前文旅行业品牌塑造和营销最有效的方式。它也将在更多企业身上发挥作用，成就更多的第一品牌！

狂人国，
告诉你一个主题公园行业的蓝海

2019年我赴法国考察狂人国等文旅项目，对于狂人国有了深入的研究和了解。我认为狂人国代表着不同于传统主题公园的另一种模式。这篇文章是国内研究狂人国最深入的文章之一，发表后得到众多行业媒体的转载和业内人士的广泛关注。特附录于此，以供有心之士深入研究揣摩。

在许多人心目中，所谓的主题公园就是就是迪士尼模式：IP+各种游乐设施+园区游艺的组合。到了中国，就简化成千篇一律的游乐设施+粗糙滥制的园区演艺的堆砌了。

更可怕的是，大多数国内的文旅行业从业者都有这样的集体无意识。所以，你会发现媒体上出现了越来越多消费者根本分不清品牌方的广告片，里面充斥各种看起来几乎完全一样的游乐设备和游客表情，越来越多开业即掉链子的盛大项目。而且，陆续还会有更多大项目正在走近这个陷阱……

究其根本，就是主题公园的投资者无法找到一个合适自己的内容和模式。

是不是做主题公园和文旅项目就一定要与这些冷冰冰的钢铁打交道呢？结论完全不是这样。

世界上还有一个地方，没有一台游乐设备（严格意义上来讲有一台，但只是放在入口处做氛围营造），但可以收获每年250多万的游客，而且一年中经营期只有七个月！2018年，那里还荣获了全球主题娱乐协会TEA最佳主题公园奖。（那次的颁奖我正好在现场，看到他们的宣传片时就引起巨大的兴趣，直觉这是一个值得关注的地方。）

这就是笔者2019年考察过的法国狂人国（PUY DU FOU，以下称狂人国）。

狂人国是全球唯一一个以戏剧演艺为主题的主题公园。它一共拥有19个项目（根据官方地图的标注），其中包括11场表演，4个景点，4个花园、喷泉等设施，11家餐厅和5家主题酒店（高卢罗马别墅、克洛维岛酒店、LeLogis de Lescure、帐篷酒店、La Citadelle等）。

其中最大的一个演出场地达23公顷，面积堪称世界之最，可以同时容纳1.4万人观看，参加演出的人员多达4150人（包括演员、志愿者和工作人员等），被称为是世界上最大规模的夜间表演。

狂人国将古罗马、中世纪、文艺复兴等重大历史节点搬上舞台，创新演绎各种传奇故事，为它们注入超越文化界限的灵魂。

一般来说，游客会选择住在狂人国的酒店（狂人国共拥有5家主题酒店和一家合作酒店Château du Boisniard），然后用两天的时间悠哉游哉地看表演。下面介绍几个我印象特别深刻的演出：

第一个当然就是上面所提到的大秀La Cinéscénie。它也被称为世界上最值得观看的演出之一。这场秀只在每年旺季的周五、周六两天上演，每年只演28场左右，基本集中在7、8、9月，需要提前几个月甚至半年订票。

当天，1.4万人的表演场座无虚席。几千人的人海，更像是生活中的人群，在同一时空下演绎各自的生活。它没有许多大秀的那种整齐划一和宏大叙事的场景，但充满生活气息。

演出持续90分钟，是一曲讲述一个法国家庭从中世纪跨越至第二次世界大战的历史长歌，最后以持续20分钟的大型焰火表演完美收官。它交汇了真人表演、烟花秀、灯光秀、3D投影、无人机等形式，海陆空立体呈现，是名副其实的业界传奇。

这场演出是狂人国主题公园诞生的基础。它由一个非营利组织发起，没有政府投入，完全自给自足。

最出乎我意料的是《幽灵鸟舞会》表演。我曾服务了14年的长隆拥有全世界最好的动物园，它的鸟类表演也很有特点和气势。但狂人国的这场表演，称得上是真正的艺术表演。无论音乐、演员的气质还是故事线的铺陈，都让鸟的表演得到了升华。在动物表演这个类别上，只有美国SEA WORLD 的杀人鲸表演可以与之媲美。

《神矛之谜》则非常令人期待。这场演出最大的亮点在于巨型城墙和城堡的逆天大变形。在一个看似普通的场地上，突然乾坤大挪移，足让人瞠目结舌，叹为观止。当然，牧羊女玛格丽特在马上的飒爽英姿也非常养眼，战士们在马背上的各种神勇表演让人血脉偾张，圣女贞德则友情出演了一下——所以便有人直接把它称为《圣女贞德》表演。

《胜利者的征兆》同样是一场大气磅礴的演出。这里全场座位超过6000。直径达115米的圆形竞技场再现古罗马斗兽场面：有令人荡气回肠的战车驰骋，有大型猛兽出入，有令人眼花缭乱的角斗。当然，与其他大型表演一样，精彩绝伦的马术表演也是不可缺少的。

这个表演的互动性很好，观众会被带入角色，参与到高卢人和罗马元老院的相互叫阵中。几千人相互之间的隔空呐喊还是颇让人心旌摇动的。

《黎塞留的火枪手》表现的是法国作家大仲马笔下17世纪传奇三剑客的故事。这个室内表演的剧场非常宏大，目测长度应该接近100米。整场表演汇集马术表演、击剑表演和弗拉明戈舞蹈表演，类似拉斯维加斯《O》秀和亚运会开幕式水上舞台的效果，加上炫酷的灯光效果，着实惊艳。

《最后的英勇》是一场2016年开放的室内多媒体秀。配合座椅的移动，场景不断转换，实景真人表演与多媒体展现水乳交融，展现了美国独立战争时期一位英雄的史诗般的人生。

其他值得关注的表演包括:《维京海盗》《圆桌骑士》，以及夜间的《火之风琴》等。

除了表演，狂人国还有几个室内的景点（也有人称之为"博物馆"）。但与普通博物馆不一样的是，这几个室内景点有着独特的沉浸式体验。它们通过声光电和机械，模拟出或战争（《凡尔登恋人》）、或航海（《拉彼鲁兹的神秘远征》）、或中世纪城堡等场景，突然出现的角色扮演的真人 NPC，加强了体验的冲击力。

形象地说，它非常像我们在国内常见的各主题公园里的鬼屋，互动性和体验感均非常强烈。

2017 年，为庆祝公园 40 周年生日，狂人国向游客推出 4 项原创项目，其中包括"大钟琴"音乐表演。在齿轮咬合、演员上下跳跃之间，钢琴家悠然弹奏。这个以机械形式呈现的音乐表演迅速成为园区内一个与传统风格反差甚大的打卡点。

不得不提一提狂人国的整体气氛设计。狂人国主题公园坐落在一个占地 53 公顷的绿地中间，享有独一无二的生态环境，每年都毫无例外地获得国际"绿色环球"认证。

狂人国有意识地保留和还原了 14 世纪法国乡村古朴、自然的调性，甚至放弃了大多数主题公园硬化路面的做法，任由它的路面使得游客的鞋上稍沾乡间的灰尘和泥土，让游客感受与大地的亲近。随处可见的装置和指示系统，也全部采用复古的风格和材料，看起来随意摆放、没有工业化痕迹，实则匠心独具，与公园的时代背景和气质浑然一体。

"狂人国"之名来自法国古代某位贵族的城堡，全名叫"雷恩狂人国"。许多法国的王公贵族都喜欢到这里做客。然而好景不长，战争将城池夷为平地，欢乐骤止。

幸运的是，"雷恩狂人国"虽然不复存在，但主要建筑却幸运地保存了下来。1977 年，狂人国的创办人 Philippe De Villiers 敏感地意识到这是一个展现当地历史和文化的重要抓手，便在当地非营利组织的协助下，开始了漫长的"重返中世纪之路"。

1978 年开始推出大秀 La Cinéscénie。其后，乘胜追击，打造了这个全世界独特的以演艺为内容的主题公园。发展到今天，有人说，狂人国就是一个法国和欧洲历史的微缩版和体验版。它通过表演和场景，再现了中世纪以来法国和欧洲的历史、文化风情和精神气质。

园区也有非常丰富的餐饮和二销商场，但它们与整体氛围毫不违和，成为组成游客体验感的有机部分。

在主题公园行走这么多年，我参观过几乎所有世界上最出色的主题公园。如果说哪个主题公园还值得我再去一次的话，那唯一就是狂人国了。

它真的值得再去一次：住上两天，慢悠悠地度假，体验不同的乡村居住，欣赏大美的表演，并深度了解法国和欧洲的历史和文化。

在这里，除了沉浸于精彩绝伦的表演外，我也在思考，狂人国的模式对于中国主题公园乃至文旅行业从业者来说，有什么启迪和借鉴意义？

我想，第一，最大的启迪是商业模式的创新。

现代管理学之父彼得·德鲁克说，企业的基本职能就是创新和营销。所谓创新，其实就是寻找蓝海的过程。对于国内主题景区来说，蓝海在哪里呢？

国内主题景区的客群目标定位大部分为年轻人和亲子家庭。这意味着超过 45 岁以上的人群基本会与这些主题公园绝缘，因为这些主题公园提供的以刺激、惊奇或萌宠（如动物园、海洋馆）在内的消费内容是无法戳中 45 岁以上人群的痛点的。

而改革开放的红利，为中国带来了一大批类似日本"团块世代"的阶层（指二战后日本婴儿潮时期出生的人，目前大多数在 65 – 75 岁。他们占据了日本财富的一半以上。在中国，与之相类似的人群为 20 世纪五六十年代生人）。他们生活无忧，接近退休或已退休，亟须适合他们的、兼具历史、文化和艺术气质的文化旅游产品，尤其是度假类产品。毫无疑问，狂人国这个模式是最佳选择。

据陪同考察的法国朋友介绍，法国退休人群的消费力比年轻人高很多，因为生活无忧、时间充裕且退休金不菲，再加上这些人相对较高的文化素养和强烈的消费欲望，所以他们的口袋是最值得商家重视的。而狂人国锚定的主力人群正是这些中老年群体和家庭游客人。

日本茑屋书店的目标人群也是这样一群人。他们被茑屋书店称为"黄金人群""熟年人"。在2011年以前，茑屋书店的经营理念是"致力于为年轻人提供生活方式提案"。2011年之后，书店将目标客群细分为50到60的近老年人群后，经营取得了突破性发展。

在中国，宋城演艺比较接近狂人国的经营模式。我从2005年进入文旅和主题公园行业起，就开始接触并关注宋城。坦率地说，无论主题公园还是演艺，宋城的品质都并不令人信服。

但十几年下来，宋城仍然走出了一条独特的路径：靠一个"ＸＸ千古情"模式，简单复制，不仅实现全国品牌扩张，而且毛利率和净利润率在国内文旅企业中名列前茅。

尽管宋城模式在丰富性、完美度上与狂人国尚有很大距离，但还是足以在中国这样一个消费尚待升级的国度取得一定的成绩。不过，如果再进一步，想要俘获高素质的消费人群，宋城还需要更多的努力和更好的创意。对于黄巧灵来说，直接嫁接国外先进模式和资源是一条捷径。

第二，极致化产品，内容为王。

小米的副总裁黎万强曾经将小米的成功总结成七个字：专注、极致、口碑、快。这七字真经其实不仅是小米成功的法宝，也是所有企业成功的法宝。

在演艺公园这个模式上的专注和极致，狂人国可以说是无人匹敌的。

狂人国的每个表演在推出之前，都必须经过3－5年的精心雕琢。从一页白纸到恢宏的场景，从舞台装饰到演员服装设计，从音乐编排到舞台器械和特效制作，都精益求精、匠心独具。

专注的结果是狂人国打造了独特的成功公式：耳熟能详的故事＋貌似平淡无奇的平地＋让人瞠目结舌的大型舞台装置（它与"貌似平淡无

奇的平地"形成强大的反差和冲击）+ 极其敬业的演员 + 出色的环绕声立体音响 + 智能黑科技。

狂人国在产品打造和游客体验上做到了极致，而且在产品打造上足够专注。因为只做演艺，所以他们省略了许多主题公园花在设备维护等工作上的精力和费用，形成在演艺这个核心业务上的核心竞争能力。

由于坚持定位，狂人国的夜间大秀 La Cinéscénie 从 1977 年到 2019 年的 40 多年间，最初的故事线从未改变，只是不断提炼升级。这个坚持也非常难能可贵。

国内很多主题公园经营乏力，很重要的一点就是产品力不够强劲。

狂人国的所有演艺都具有极高的水准，让人目不暇接，叹为观止。他们每年都将所获利润大量投入升级改造中。

狂人国拥有一个青年学院，专门为自己培养演艺人才，其中的专业涉及服装设计、戏剧表演、舞蹈、马术表演、多媒体技术、动物驯养等众多门类。所以你在任何一场表演里看到的演员，都技艺精湛、容貌俊美、身手不凡，绝非一般主题公园的演艺人员可以媲美。

另外，在狂人国，惊艳的呈现方式无处不在，无时不有。如《圆桌骑士》中最后几位演员整体沉入水中的效果，夜间秀《火之风琴》的三名舞者从水中升起的情节等，都给人留下非常深刻的印象。

第三，小步快跑，快速迭代。

所谓快，就是快速迭代，即不断为消费者制造惊喜和制造消费者重复到访的理由。

相对于以游乐设备为主打、重投入的主题公园，狂人国这种演艺公园迭代升级的成本低很多，速度也快很多。以《凡尔登恋人》为例，投资 400 万欧元，只有 10 名演员。因为可控成本低，狂人国每年都有新项目：

2011 年　《胜利者的征兆》

2012 年　《德拉方丹的幻想世界》

2013 年　《圆桌骑士》

2014 年 《文艺复兴城堡》

2015 年 《凡尔登恋人》

2015 年 狂人国成为世界上最早利用无人机进行特效表演的主题乐园。全世界最大的空中吊灯在高空移动然后突然消失，让观众叹为观止

2016 年 《最后的威武》

2017 年 《大钟琴》

2018 年 《拉彼鲁兹的神秘远征》

2019 年 推出全新巨制《法兰克第一王国》

这种追求极致品质，然后快速更新迭代的方式，非常值得当下资金并不宽裕或文旅行业经验尚不丰富的投资者学习和借鉴。相较于设备和硬件，演艺的投资是轻资产投入，沉没成本低，即便市场效果不佳，也容易通过内容的调整低成本再出发。

第四，是狂人国这个模式对中国乡村建设的价值和意义。

狂人国的版图实际上包括一座主题公园和 15 座村落，当地居民已被深度卷入狂人国的运作中，大部分成为每晚的 La Cinéscénie 大秀的演出志愿者。这不仅解决了当地就业和经济发展问题，更重要的是重塑了当地居民的文化和自豪感。四十年间，两代人为狂人国服务，为这些人找回了他们的价值感和故里荣光。

当前，世界各国面临的共同问题，是如何解决乡村空心化和因此带来的原住民尊严感流失问题。在这一点上，狂人国是很好的借鉴。

狂人国复兴法国 14 世纪的风貌和文化传统，同时，每年为邻近城镇带来高达 1.93 亿欧元的商机，它的供应商 95% 来自法国当地，为本国经济做出了自己的贡献。

第五，文化自信和爱国主义教育的艺术化表达。

狂人国每晚大秀演出结束时，烟火和水幕会呈现法国的蓝、白、红三色国旗，让现场法国人的情绪达到高潮。

附 录

我一直认为,主题公园是最好的爱国主义教育基地。在这个项目上,这一观点再次得到印证。

中国领导人 2019 年 3 月访问法国期间,在马克龙举办的国宴上,狂人国主席尼古拉斯·德维利尔斯(Nicolas De Villiers)作为法国文化、民族精神和生活艺术的代表被邀请出席。

狂人国也即将以不同形式和规模落地中国。尼古拉斯主席在接受我们时代文旅旗下媒体"无道不孤"记者采访时特别表示,狂人国非常期待在中国创建以狂人国表演形式为范本的、以中国历史文化故事为主题的国际性表演艺术公园。

尼古拉斯表示,在打造"中国狂人国"的过程中,会把自己放在中国人的位置看中国历史,因地制宜地在中国专家的配合下,做"中国历史的主题乐园"。也就是说,中国地区的狂人国只套用模式,而不会照搬内容。

他认为中国是最古老的国家之一,这里五千年的文化与传奇给予了艺术创作极大的空间。一个国家的历史越是丰富,跟狂人国模式的契合度就越高。虽然目前中国的主题乐园呈现井喷式的发展,但是一味的复制对于未来市场而言的是没有意义的。

法国的狂人国主题公园至今无法被复制,是因为狂人国致力于重现历史、尊重历史、思考历史的精神内核无法被复制。同样,狂人国想要在中国做的是一个不可复制的艺术品,是根植于中国文化、具有中国特色的历史艺术品。

走到今天,包括中国在内的很多发展中国家都不可避免地深受全球化的影响。在一些先进国家的文化影响之下,很多年轻人会更倾向于接受欧美文化。但是面对多种截然不同的文化冲击,尼古拉斯先生坦言,他更倾向于让自己的孩子接受中国文化的熏陶。这也是为什么狂人国会把向外拓展的第一步放在中国的原因。

现在的学生基本上都会面对一项相同的"课外作业":参观博物馆。无论国内还是国外,博物馆都是一座城市、一个国家的历史文化的最好载体,学生可以通过博物馆了解到更多课本以外的历史知识。

而狂人国就像是一座会表演的博物馆。在这里,历史不再是物品或文字,而是在眼前活灵活现的场景;在这里,没有老师告诉你对错,所有人都可以在还原的历史里思考并有所收获。

现在,源远流长的五千年文化即将重现在我们眼前,你期待这个狂人国的到来吗?

除了狂人国,中国人还可以打造什么样的中国自有IP的演艺公园产品呢?

让我们一起思考。

不做"中国的狂人国"，
要做"世界的只有河南·戏剧幻城"

2021年5月，只有河南·戏剧幻城开业。作为这个项目的品牌营销顾问，本文是我对只有河南·戏剧幻城的意义、价值、品牌定位、产品定位、市场定位的全面阐述，也是我们对于中国文旅行业趋势和方向的深入思考。

"只有河南·戏剧幻城"（以下简称戏剧幻城）2021年5月13日举办新品发布会，正式掀开面纱。

随着巨量内容的输出，它的面目逐渐清晰。但，一千个观众有一千个《哈姆雷特》。戏剧幻城是什么？戏剧幻城之于中国文旅行业的意义何在？每个人可能都有不同的理解。

■ 中国主题公园新物种

王潮歌说：我不想做一个主题乐园，我只是想做一个不同的、以严肃艺术为唯一吸引物的这样一个戏剧聚落群。

但在我看来，戏剧幻城实际就是一个新型的主题公园。这个中国主题公园行业的全新物种的出现，具有划时代的意义。中国主题公园在经历了几十年的发展后，面临着突破和超越。随着消费者人文素质和欣赏水平的提升，随着分众化时代的来临，一个新的主题公园业态的出现是必然的。

这几年，互联网的发展使得一个个小众的产品或品类成为爆品，从电音、嘻哈到舞蹈、戏剧，莫不如是。过去特别小众的品类，由于互联网的长尾效应和媒体的催谷，逐一成为大众追捧的对象。

在乌镇戏剧节之前，很难想象中国会诞生一个与阿维尼翁戏剧节、爱丁堡国际艺术节相提并论的具有世界级影响力的戏剧节。一夜间，全国的戏剧爱好者仿佛雨后春笋般地出现。

2019年，我第一次造访法国狂人国，深为这个主题公园所吸引。它完全不同于迪士尼和环球影城这种为中国人所熟知的主题公园产品业态，但在欧洲非常受欢迎，口碑非常好。在经营期只有每年七个月的情况下，一年收获250万游客，并曾获全球主题娱乐协会最佳主题公园奖。它有宏大的叙事、壮阔的场面和极高的艺术水准，有多媒体、多艺术形态融合所带来的强烈震撼，同时又很好地展示了中世纪以来欧洲历史文化发展的脉络和场景，让消费者在体验的同时感受到荣耀感和家国情怀。我当时就想，如果中国出现这样一个纯粹以演艺为内容的主题公园，应该也是非常有市场价值的。其实，狂人国早就看好其产品在中国的市场前景。它的CEO在接受采访时表示，他们非常有兴趣与中国合作打造一个狂人国模式的、完全呈现中国文化价值和理念的中国版狂人国。目前，狂人国已授权中国企业在国内进行落地工作，只是因为种种原因，它仍停留在构想中。

狂人国给我最大的启示是商业模式的创新。包括：被传统主题公园忽略人群的挖掘、极致化的产品和内容制造、小步快跑快速迭代的产品策略。另外，狂人国对文化自信和爱国主义教育的价值在当下的中国也尤为有现实借鉴意义。

两年前中国之所以没有出现这种类型的主题公园，一方面可能是因为市场条件不成熟，另外，也有可能是没有人有勇气和实力捕捉这个风口。

当乌镇戏剧节、阿那亚戏剧节成为中国文艺中青年奔走相告的内容，当《戏剧新生活》成为热播节目，当沉浸式表演几乎成为很多景区的标配和获客利器，当舶来品《SLEEP NO MORE》被一些消费者几十次刷的时候，戏剧消费已经由高端、低频悄然走进大众生活，从剧院走进主题公园。

戏剧幻城的出现，是抓住并拥抱了风口。这个时机，早了会成为先烈，迟了就错失良机。

就像 CLUB MED 进入中国标志着中国度假旅游时代的开始一样，戏剧幻城的诞生，成为中国主题公园发展的一个标志性事件。

演艺不再只是主题公园的配件，也不再是简单的谋求观众、游客开心一乐。戏剧特有的张力及其带给观众精神上的深层享受，观众与演员面对面时所产生的巨大震撼，都将为新一代消费者提供另一种主题公园的消费方式。

戏剧幻城是一个主题公园领域的蓝海，它具备充分的差异化和品质上、体验性上的根本性提升。在一个高感性时代和个性化需求的时代即将澎湃而至的时候，它的出现恰到好处。正如王潮歌所说，我们提供给观众的，应该是能够引领和提升观众欣赏水平和审美能力的作品，它应该是需要观众跳一跳方能够着，而不是一味迁就观众。

这个主题公园的升级产品，不仅仅是将过去剧院、殿堂之上的产品变成了普罗大众可以随时体验的内容，也不仅仅是集成了中国最大规模的戏剧表演场地和剧目，更重要的是，它第一次将戏剧作为被消费主体而不是陪衬。它还为消费者提供了更丰富和多元化的选择——迪士尼、环球影城不再是主题公园的唯一代表，主题公园不再仅仅是 IP+ 游乐设备 + 园区游艺组合的代名词。

著名主题公园研究专家董观志教授认为：只有河南·戏剧幻城不仅超越了主题公园传统的造园理念，而且颠覆了主题公园经典的游乐模式，是凤凰涅槃式的强势迭代和深度蝶变。

著名演艺策划人郭洪钧认为，只有河南·戏剧幻城彻底改变甚至颠覆了旅游受众之前面对传统"旅游演艺"产品的审美体验和文化感受。毕竟审美体验才是人与自然、与世界、与社会、与消费产品之间的最高获得感维度。没有审美标准的体验，只能是低档次的"无感"体验。在后疫情时代的今天，旅游演艺产品的不断升级换代是市场发展与竞争的要求，持续裂变是行业创新与突破的必须。

他说，如果说《印象·刘三姐》是一幅印象画，《长恨歌》是一出历史剧，《千古情》是一场歌舞秀，那么《只有河南·戏剧幻城》显然是一部"讲好中国故事"的大戏剧，一个全景式全沉浸戏剧主题公园。

■ 世界的只有河南·戏剧幻城

戏剧幻城无论是演出的时长、数量，还是投资规模，以及单位面积内戏剧的浓度，都是前无古人的。按王潮歌的原话："只有河南的戏剧，从规模来讲，全中国最大；从时长来讲，全中国最长；从这个品类的新鲜度来讲，是全中国唯一的。"

它有3大主题剧场、3场震撼大剧、两场夜间大秀、10座微剧场、27个情景戏剧空间、超过33个演出地点；450分钟不重复的演出，900多位专业的演员；单日演出可达125场，4050分钟。

这样一个规模的产品，加上它在运营时长上的优势，影响力超过"狂人国"（狂人国一共19个项目，其中11场演出，4个景点，4个花园、喷泉）是可以期待的。

只有民族的，才是世界的。只有河南·戏剧幻城从一开始，就不是一个大众娱乐狂欢的项目。它寄托着打造者们讲述中国故事、黄河故事以及中国精神、河南精神的使命。

郭洪钧说，法国的欧洲主题公园"狂人国"是用不同类型的演出手段和故事场景去讲述欧洲中世纪文化历史，将古罗马、中世纪、文艺复兴等重大历史节点搬上舞台，创新演绎各种传奇故事，为它们注入超越文化界限的灵魂。而"只有河南"采用的是中国人所独有的创意思维方式，以"一砖一瓦一片瓷皆为史诗，一枝一叶一抔土都是故事"的全新创作视野和顶层文化格局"讲好河南故事""讲好黄河故事""讲好中国故事"！

看过戏剧幻城大部分演出内容的人会感慨，戏剧幻城堪称"黄河边的史记，麦浪上的离骚"。

近60个亿的投入，如果仅从经济回报的角度考虑，是没有企业家会做这样的选择的。扎根河南的胡葆森和建业集团显然是希望在中国文旅大融合的洪流中，代表河南奉献一簇里程碑意义的浪花。

在一个需要"读懂中国"的年代，这既是一个中国人了解自身文化和根源的渠道，也是一个世界了解中国的读本。

王潮歌在关于这个项目的论述里非常强调"入戏"一词。她希望观众可以沉醉于戏剧所带来的超越现实的体验感，感受到强烈的精神冲击。她还希望"入戏"的不仅是河南人，也包括十四亿中国人。她认为，"让十四亿中国人入戏"应该成为戏剧幻城的使命。

在中国力量（国家战略＋市场规模＋风起云涌的消费潮流）的背书下，戏剧幻城的目标肯定不是"中国的狂人国"，而是"世界的只有河南·戏剧幻城"。

主题公园的概念和范式都是来自西方的。这一次，我们可以根据自己的文化和市场力量创造新的范式和标杆吗？

■ 除了戏，还有幻和城

戏剧幻城的价值不仅如此。它同时也堪称中国颜值最高的主题公园。300多米的夯土大墙，创纪录的《清明上河图》《千里江山图》动态投影，奇崛的场景，气势磅礴的百亩麦田，承载记忆的地标和炫酷的声光电技术，使得只有河南·戏剧幻城处处皆景，随手一拍即是大片。这在一个颜值即正义的年代，这将成为一个重要的吸引点。可以想象的是，戏剧幻城会迅速成为中原地区网红打卡点、菲林谋杀地，一大波网红正蓄势待发。

一旦成为网红打卡地，它就赢得了第一波的传播流量和种子用户。

颜值，或者说设计感、美学价值，正在成为景区甚至各种场景、空间的关键因素。无颜值，不存活，设计改变命运。一向出品精致的建业文旅在这一点上当仁不让。

　　戏剧幻城同时还像是一个巨大的盲盒。每天演出的时长高达4000多分钟。从理论上讲，观众需要三天时间才能完整看完所有演出。而且，由于设计上的刻意，使得它的游览线路呈现随机性，每个观众选择的路径可能都不相同，得到的体验也将是不同的。这种不确定性所带来的新奇感、刺激感，正是盲盒在时下流行的心理基础，它会激发消费者N刷和深度解锁的冲动。

　　从目前已曝光的剧目来看，戏剧幻城中戏剧的类型非常丰富，既有热血催泪的，也有时尚炫酷的，既有温暖动人的，也有波澜壮阔的。它让观众在一天或更多的时间内，情绪大起大伏，视觉应接不暇，既迷且幻，戏梦人生。

中国文旅十大趋势

本文是应"秦朔朋友圈"之邀所撰写的,它是我们对于中国文旅行业发展趋势的判断和分析。这篇文章发表后,也引发业内的广泛关注和大量行业媒体转发,其中的观点被广泛引用。也经常有业内人士索要这篇文档。现附于此,以供大家参考。

文旅行业是遭受新冠疫情影响最大的行业。近三年来,中国文旅行业的面目发生了巨大的变化。一方面是曾经的"村村点火户户冒烟"变成了万马齐喑一地鸡毛。另一方面,文旅行业无论是消费者行为、行业发展趋势、投资环境、业态等,都与过往有了很大的差别。这些趋势非常值得文旅行业的从业者思考和研读。

作为曾经和未来最具有发展潜力和最具龙头引领作用的产业之一,文旅行业的发展所呈现出的趋势和方向,也很值得其他行业关注和借鉴。文旅尤其是文化,将赋能其他行业。

作者为时代文旅战略顾问公司创始人。时代文旅在输出顾问服务的同时,也持续产出思想。得益于对于文旅行业的预判性观察和对文旅行业底层逻辑的深刻洞察,这三年,时代文旅创立的"娱乐化营销"和"企业媒体化"两大文旅营销方法论,帮助数十家文旅企业和政府机构突破营销瓶颈。

本文所总结的十个趋势,有些是业已发生的,有一些是处于萌芽状态甚至是作者的提前预判；有些是文旅行业内部的趋势和规律，有些则是全局性的、因为文旅而引发的趋势。

■ 一、主流时代来临

近年来，我们看到一个非常显著的现象，就是"主流价值"的彰显。

第一，主流文化题材成为"顶流"。从《战狼》到《红海行动》，从《建国大业》到《我和我的祖国》，从《八佰》到《长津湖》，从《亮剑》到《觉醒时代》，主流影视剧不断上演票房或收视奇迹，《长津湖》更是成为中国影史第一票房。红色题材的《永不消逝的电波》则成为中国舞剧的天花板，巡演所到之处，无不爆满。

第二，红色旅游广受追捧。过去，红色旅游是一个需要用文件、行政命令驱动的行为，现在由于一大批主流、创新文艺作品的出现，红色旅游大热。如《八佰》让四行仓库迅速成为热门景点，《觉醒年代》让一些名人故居和历史博物馆走红。中国旅游研究院和马蜂窝联合发布的《中国红色旅游消费大数据报告（2021）》显示，红色旅游搜索热度较上年同期增长176%。另据携程发布的《2021上半年红色旅游大数据报告》，2021年上半年，红色旅游景区预订量同比增长超两倍；红色旅游人群中80后、90后占比达七成，00后比2019年同期增长约2.5倍。

第三，国潮当道，传统文化消费成为主流。从网红文创到《国家宝藏》《假如国宝会说话》等，从走上街头的汉服男女到民乐演奏家方锦龙的大红，从体现传统文化价值的景区到央视、河南卫视一系列的与传统文化相关的热门节目，国潮文化在今天的社会生活中勃发生机。由百度和人民网研究院联合发布的《百度2021国潮骄傲搜索大数据》显示："国潮"在过去十年中关注度上涨528%。

第四，乡村美好生活成为关注焦点。2022年发布的中央一号文件再次聚焦乡村振兴。乡村振兴不仅仅是解决农村的脱贫问题，不仅仅带来大量的国家政策扶持和企业商机,更是要为中国未来创造一个更有价值的生活方式。"未来最奢侈的生活在乡村。"

我们必须看到,在当今的政经环境下,国家力量主导、国有企业或政府部门力量彰显,以及宏大叙事的模式带给文旅行业的方向性改变。

■二、一切皆文旅,文旅赋能一切

中国文旅已进入一个"一切皆文旅,文旅赋能一切"的时代。文旅行业的边界正越来越模糊,外延在不断扩展。旧厂房、老街道、废弃的矿坑,都在成为文旅项目;工厂、农村也在文旅化,变身工业旅游或乡村旅游……我们对于文旅的定义在被不断刷新,我们的思维也在被不断颠覆。

首先,一切皆文旅。超级文和友是一家餐厅吗?阿那亚是一家房地产公司吗?钟书阁是一家书店吗?它们其实都已变成了文旅项目。消费者也在不断认可这种变化,比如博物馆、美术馆等过去少人问津的场所,现在也成为文旅消费的热门。变化更明显的当属商业综合体,原来大家去商业综合体的目的就是为了购物,现在则更多是为了游玩、休闲、消磨时光,甚至"微度假"。一些购物中心甚至成为旅游目的地。如即将更名为"正佳星球"的正佳广场,通过超前的部署和卓有成效的品牌建设,已由年游客量达五千万的曾经的亚洲最大商业综合体,变身为"世界级城市中心文化旅游目的地",并被国家文旅部评为全国首批国家级夜间文化旅游消费集聚区。

其次,文旅,尤其文化也在赋能一切。中国台湾一个小乡村的稻米被文创成"掌生谷粒"后身价倍增;日本一个破败的乡村越后妻有因为"大地艺术祭"而成为世界级旅游目的地;河南林州石板岩镇因为每年成千上万的写生学生而成为国内知名的山地艺术度假目的地;河南因为河南卫视系列游节目的背书和推广,在国内文旅的地位取得突飞猛进的发展,等等。

■三、新物种、新业态造就新文旅

近几年，国内文旅市场出现了一些我们称之为"新物种"的项目。时代文旅每年都会颁布"中国文旅先锋榜"，挖掘新物种企业。我们认为那种对文旅行业的趋势有敏锐判断，与过往经营模式有明显差异，技术上有突破，且能够体现文旅行业最本质价值，即人文价值的项目，即可称之为新物种。例如中国首个戏剧主题公园只有河南·戏剧幻城，把餐厅做成策展公司、媒体公司、内容公司的超级文和友，将地产项目做成文旅标杆的阿那亚，沉浸式戏剧《SLEEP NO MORE》，高端露营项目星托邦，微音乐剧《阿波罗尼亚》等，都属于新物种。这些项目颠覆了我们的认知，为行业打开了新的发展空间。

我们处于一个充满剧变和不确定性的时代，行业和企业需要突破和超车，需要尝试和挑战。而上述新物种是那些较早感知变化，且勇于做出改变的企业。他们对于春江水暖的率先感知，将为整个行业带来借鉴和启迪。

另一方面，一些新业态为文旅发展增添新动能。夜经济在近几年得到前所未有的重视，它不仅有助于拉动本地居民的内需，还能延长外地游客、商务人士等人群的留存时间，带动当地经济发展。浙江安吉的小山村蔓塘里通过引进文创灯光项目，发展乡村夜经济，吸引城里人来此夜游，直接带动了当地餐饮和住宿消费，补齐了安吉乡村夜游产品的短板，探索出一条以夜文旅促进乡村振兴的新道路。而品牌跨界也让文旅找到新的增长点。故宫、敦煌等与众多品牌联合开发的联名文创产品，频频让传统文化出圈。

这些新物种、新业态的出现，让我们真切感受到，当下文旅行业已不是规模制胜，而是创新制胜。在新文旅的趋势下，如何打造适合当地市场环境、满足消费者对于文旅的个性化需求及适配投资者投资能力的项目至关重要。过去那种比拼投资规模、简单粗暴地复制国内外成功项目、不尊重文旅行业底层逻辑的做法，将遭遇致命风险。

四、微度假正在成为新风口

后疫情时代，大众出游呈现出"近距离、短时长、高频次"的新特征，它对应的就是微度假。疫情加速了微度假时代的到来。过去小长假热门目的地盘点，排在榜首的往往都是一些大型主题公园或度假区，现在则变成了一些周边游景点。而一些站在微度假风口上的文旅企业，迎来快速发展的机会。如清远的熹乐谷，可以泡温泉，玩水上乐园、无动力乐园，同时游客可以参与度假区举办的各种文艺活动，如诗歌节、音乐节等，提升游客的微度假体验，疫情期间这里每年的业绩增长超过30%，成为疫情期间业绩逆风飞扬的标杆。

一些城市中心的项目也在成为微度假目的地。例如正佳星球，作为城市中心集文化、旅游、商业、研学于一体的综合体，它正在成为人们城市微度假的热门选择，因为大家的出游需求，如看动物、吃饭、看电影、玩游戏、购物等，都能在这里得到满足。而且它跟城市近郊的文旅项目相比，距离更短，消费更低，出行更环保，出行的随意性更强，消费频次也可以更高，是一个非常值得关注的情况。

星乐度露营小镇同样处于城市之中。它既有良好的生态环境，又有野奢的露营度假设施和无动力设备，同时又有"自然成长"的研学主张，加上城市之中的地理位置，让孩子们在城市里，就可以度过一段快乐充实的时光。

五、消费两极分化

近几年，消费升级和消费降级现象同时爆发。一方面，中国的奢侈品市场规模持续增长。要客研究院发布的《2020—2021中国奢侈品报告》显示，2021年中国市场第一次成为全球最大的奢侈品市场，在全球奢侈品市场的占比上升到30%。另一方面，消费降级成为不可忽视的现象：

临期折扣超市一夜之间火遍全国，成市场"新宠"；二手消费市场交易规模突破万亿，成消费新趋势；2021年的618期间，在全网交易总额实现同比增长26.5%的情况下，单包裹金额（客单价）却从2018年的151元/单逐年下滑，跌至2021年的112元。

文旅行业同样呈现出消费两极分化现象，高端及低端消费市场同时呈现出机会。

首先是高端游市场持续火爆。2021年，北京环球影城开业，瞬间引爆市场，一分钟卖完开园当日门票，半小时酒店订满，平日418元、特定日高达748元的门票价格也没能阻挡人们打卡的热情。

高端民宿市场同样火爆。民宿平台途家2022年春节前发布的数据显示，不同于往年提前一周订春节住宿，今年大部分整租院子提前一个月就被订光；春节整租小院订单同比2021年上涨逾五成，平均入住时长延长到2—3天，客单价破万元。途家数据还显示，2022年春节期间独栋整院民宿预订火爆，订单量比2021年春节上涨约56%。2022年春节期间民宿交易额同比去年增长达三成以上，平均间夜价格突破千元。

高端游市场之所以火爆，是因为一方面，疫情阻断了出国游，为国内的高端旅游市场创造了机会；另一方面，国内高端文旅项目的品质也在不断提升，激发了人们的消费欲望。

最典型的例子是三亚的亚特兰蒂斯，在疫情期间承接了因疫情无法出国旅游的大量需求，成为高端消费的赢家：2021年上半年，亚特兰蒂斯的营业额达8.35亿，同比增长152.1%。7月单月营业额2.33亿，房间入住率96%，创历史新高。出境游的停摆也让新疆等边远地区迎来发展良机。据南方都市报报道，在出境游停摆后，广东有原来专营出境游的旅行社转营"新疆自驾游"。马蜂窝数据显示，2021年清明节期间，新疆的搜索热度上涨275%，而西藏日喀则成为国内酒店预订量增幅最高的城市，增幅相比2019年超过13倍。

与此相对应的是，低消费行为在微度假风潮下凸显。比如露营，近半年几乎成为家庭出游的最大风口。较之大型的文旅项目，一些小而美的项目在疫情期间的表现更为良性，例如珠海横琴星乐度露营小镇、上海季高兔窝窝无动力乐园、从事萌宠生意的朵拉萌宠乐园、被称为室内儿童乐园中的爱马仕的 Meland Club 等。大量城市市政配套公园、不收费或低收费的项目尤其吸引众多的消费者，这也对一些高大上和巨无霸的项目造成冲击。随着宏观经济形势及政府的政策导向以及人们消费习惯的改变，这种趋势会越来越得到强化。社会消费潮流和习惯往往会因重大公共事件的影响而发生改变，如战争、瘟疫等，因而可以想见，疫情会改变人们的消费欲望和消费水平，导致低价消费蔚然成风。

■六、沉浸式大行其道

沉浸式玩法与文旅项目向来关系紧密。1955 年，迪士尼将影视中的虚拟世界打造成现实中的主题乐园，可以算得上最早的沉浸式体验。现在沉浸式玩法随处可见，例如《SLEEP NO MORE》《南京喜事》《又见平遥》《知音号》《阿波罗尼亚》等沉浸式戏剧以及剧本杀、密室逃脱等，大受消费者欢迎。

沉浸式玩法的火爆，源于消费逻辑的改变。消费者经历了 1.0 时代的观光游览以及 2.0 时代的主题娱乐，其口味正在向 3.0 时代的沉浸式转变。过去"你演我看"的单向灌输模式已经无法满足当下的消费需求，而沉浸式玩法通过双向互动让游客参与其中，由被动接受转为主动参与，更有身临其境感。在这种模式中，人们不再是简单的游览者，而是全身心参与，并充分调动个人情感。

投资 60 亿、总占地面积 622 亩的只有河南·戏剧幻城将沉浸式体验提升到前所未有的规模。幻城拥有 56 个空间，21 个大小不一的剧场，3 场主剧和 18 场小剧交替上演，剧目总时长达到近 700 分钟，高浓度的戏剧表演，加上巧妙的动线设置，让游客还没入城就已入戏，离开后戏还在心里演,从身体沉浸上升到精神沉浸。

据美团大数据显示,沉浸式体验已发展成为各个年龄段人群特别是年轻人能接受、愿参与的时尚休闲娱乐项目。约75%的相关消费来自20—35岁的年轻人,他们对体验感、故事性、游戏性、艺术感、夜游等元素非常感兴趣。

2021年,发展沉浸式体验写入《"十四五"文化和旅游发展规划》,提出要推进文化新兴业态的培育,强调要完成100个沉浸式体验项目——沉浸式产业的发展被正式提上了日程。

随着技术的发展,沉浸式玩法也在不断进阶,我们相信,未来元宇宙将对沉浸式玩法造成根本性的颠覆。元宇宙本质上是对现实世界的虚拟化、数字化。在元宇宙中,景区可以丰富产品内容,非遗、文创、IP以及特色项目等都可以打造成虚拟产品。

■七、内容,内容,还是内容

微信、小红书、抖音、快手、哔哩哔哩等内容平台已经成为消费者接收信息的主要渠道,没有哪个时代比今天更适合内容营销,谁拥有内容制造能力谁就掌握了主动权。元气森林、钟薛高、完美日记等品牌的快速崛起,靠的就是大规模的内容投放。可以肯定地说,一个企业的内容营销水平直接决定其总体营销水平。

相比昂贵的渠道,内容营销无疑更具性价比。性价比对于文旅企业来说尤为重要,因为文旅企业普遍营销费用不充裕,好钢需用在刀刃上。哪怕文旅企业只有一百块钱做营销,那都应该把这一百块钱花在内容和话题制造上。

那么,内容营销该怎么做?决定一个企业内容营销水平的是两个能力:话题制造能力和共情制造能力。秦朔为只有河南·戏剧幻城微信公众号写的开篇文章《我不是一个河南人》,是一个话题制造与共情制造联合发挥价值的经典案例。该文从多角度阐述河南悠久灿烂的历史文化和生生不息的民族精神，表达了对家乡的真挚感情，引发了对河南历史文化的大讨论，激发了河南人的强烈共情。该文不仅得到众多名人的转发，且在账号零粉丝的情况下当天阅读量突破 10 万 +。

在做文旅项目的时候，我们特别强调一点，即你的项目与城市的共情点是什么。一个好的项目要为消费者提供价值，但仅仅停留在这个境界是不够的。要想迅速成为当地人追捧的对象，它必须找到与这个城市管理者和生活者之间的共情点。作为项目的经营者，必须问自己几个问题：我的项目与这个城市和市民有什么关系？人家为什么要关注我的项目？我能为他们带来什么？

正是因为完美地演绎了"共情"这一概念，只有河南·戏剧幻城迅速成为河南文旅的一号工程和名片。

■八、景区与商业的相向融合

华侨城总经理刘凤喜说，欢乐谷应该成为收门票的购物中心。我十分认同这样的思路。商业和文旅的界限在迅速模糊。景区是平躺的商场，商场是竖起来的景区。商业越来越成为休闲度假的场所，而景区在未来也将越来越成为主题性的商业中心。

在景区与商业融合的标杆迪士尼，衍生产品的销售收入占比非常高，但过去几十年，其衍生品的开发模式也渐渐故步自封。由影视 IP 而线下 IP，由 IP 而衍生品，全世界都坚持着这样一成不变的路径。迪士尼如是，环球影城如是，其他景区更如是。每个景区都效仿迪士尼和环球影城，弄出个没有太高颜值和尖叫度的所谓 IP 形象，然后工业化复制一堆所谓的旅游产品，不仅毫无美感，而且产品品类高度相似，这也是绝大部分的景区二销上不去的主要原因。

玲娜贝儿给我们带来了不一样的启发。过去，我们常常认为要想造就一个好的IP，一个成功的吉祥物与衍生品，必须要先有充足的内容支撑，例如文学作品、电影、动漫等。但当下潮流玩具的兴旺，很大程度上冲击了这个传统的模式。一些完全没有影视和文学作品加持的玩具，由于设计上的突破和迎合年轻人的审美而迅速走红。玲娜贝儿（包括此前的星黛露）就属于后者。

玲娜贝儿的成功，或许将根本性改变全球主题公园文创衍生品的生产方式。越来越多的潮流玩具和设计品牌将进入主题公园和景区。

融创不收门票的乐园，华侨城的欢乐海岸，北京环球影城的CITY WALK，都是主题公园色彩十分浓烈的商业综合体。而未来，收费的主题公园和景区也会呈现更丰富的消费业态。这一切都取决于经营者的想象力，取决于经营者与外部资源的对接能力，以及对消费者尤其是年轻消费者的洞察力。如果有一天泡泡玛特、TOPTOY、钟薛高、喜茶、茶颜悦色、蜜雪冰城等开进了人流量超高的收费景区，你一点都不用感到惊讶，因为时代变了，逛逛逛和买买买已经合体。

未来就是一个数据经营的时代，对消费者的经营将成为各主题公园和景区经营最重要的工作。如何将人流转化为钱流，是下一步经营的重点。

■九、企业的文旅化生存

我们经历了企业媒体化生存、企业娱乐化生存，我们正看到一个新的趋势，就是企业的文旅化生存。

在"一切皆文旅，文旅赋能一切"的时代背景下，拥抱文旅成为很多企业换挡提速的重要方式。我们看到，购物中心在文旅化，出现了一批商贸型的知名旅游景区，如广州的正佳广场、长春的这有山等；书店在文旅化，大家逛书店已经不再局限于买书，而是体验一种生活方式，如茑屋书店、方所书店、唐宁书店、钟书阁等。这些书店不仅吸引大量人流，也成为许多地产、商业、乡建项目的得力抓手。在打造"美学经济"的河南焦作修武县，方所就成为乡村美学的标志项目；一些工业企业，如北京首钢、青岛海尔、珠江啤酒等，在工业的基础上发展文旅，让厂区变景区；过去专注线上的互联网企业也在纷纷布局线下体验店，如腾讯视频好时光线下体验店等，也是企业文旅化生存的一种表现。

特别值得一提的是房地产企业的文旅化生存。最近迪士尼公布了名为"迪士尼故事生活"的房地产项目计划，非常令人振奋。迪士尼梦想家们将与开发商和房屋建筑商合作，共同开发充满迪士尼品牌魔力的居民社区。从计划中可以看出，这个地产项目完全承接了迪士尼的品牌、创意能力、运营能力和价值观，有着主题公园般的诱人主题，精致的环境氛围包装，童话般充满创意和想象力的设计和装修，丰富生动的社群活动和服务，令人怦然心动的价值主张和品牌影响力——这一切都决定了它一经推出就会被一抢而空。

迪士尼的这个动作对于国内的房地产企业很有借鉴意义。房地产行业要走出困境，首先要解决产品的问题。在满足了基本的居住功能后，房地产更应为人们提供的是精神居所。而精神居所的打造，需要更具想象力的设计而非简单复制的工业化产品；需要的是友邻而居、身份认同的良好社区环境；需要的是超越现实的艺术化第二人生。

河北秦皇岛的阿那亚是近年来广受关注的另一地产项目。他们为消费者打造了一套由三个层次构成的完整的价值体系。产品是其中最低层次的东西。产品之上，是一整套生活方式的主张及其配套服务体系。再往上，是一整套价值观体系和生活方式。从物质层面来讲，就是有品质的简朴和有节制的丰盛；从精神层面来讲，就是提倡回归家庭，回归自然，回归传统，回归一种有灵性的本真生活。在其他的同类项目仍然停留在"文旅地产"阶段的当下，阿那亚成功地创造了一种我称之为"地产文旅"的商业模式。

除了迪士尼和阿那亚，Eden 春山里、安吉桃花源、蓝城郡安里以及清远熹乐谷，都呈现出文旅化生存的趋势。

十、使命、愿景、价值观驱动

每个企业都自有其使命、愿景和价值观，但不是每个企业都重视这一点。"一年企业靠运气，十年企业靠经营，百年企业靠文化"，研究世界商业发展史不难发现，那些百年企业，无不是将使命、愿景和价值观摆在相当重要的位置。文旅企业更需要重视使命、愿景和价值观。因为与其他行业相比，文旅企业提供的服务涵盖吃住行游娱购多个方面，与消费者的触点更多，时间更长，距离更近，企业文化更容易被感知，尤其是价值观。

世界第一文旅品牌迪士尼的价值观是"极为注重一致性和细节刻画；通过创造性、梦幻和大胆的想象不断取得进步；严格控制，努力保持迪士尼'魔力'的形象"。前两点我们很容易从其产品中感受到，至于第三点，我们可以来看看迪士尼对两个危机的应对。一是2011年发生的日本311地震。当时，7万游客滞留迪士尼，员工一边镇定自若维持秩序，一边竭尽所能为游客提供最好的保护，包括派发玩偶保护头部、派发礼品袋遮风挡雨、将被当作纪念品售卖的糖果饼干分发给游客充饥……最终7万人安全离开。二是2021年11月，由于疫情防控需要，园区内3万游客需集中做核酸检测。在经历短暂的不安后，游客很快在工作人员的组织下有序排队。与此同时，园区内万圣节巡游照常，艾莎公主歌声依旧，最"魔幻"的，莫过于晚上如约而至的烟花秀。游客直言这次经历令人难忘：迪士尼城堡下做核酸！这可是百万编剧都想象不出来的名场面。

两次危机都被轻松化解，转危为机，迪士尼的"魔力"非同一般。然而"奇迹"不会从天而降，迪士尼的处变不惊，来自一年180次的防灾模拟演练，这是对价值观的最好诠释。

而阿那亚的价值观"有品质的简朴，有节制的丰盛"，倡导反思物质主义，回归简朴，回归内心，也吸引了一大批忠实拥趸。

在环境污染成为全球性问题的今天，环保成为社会共同的价值观，环保也由此成为很多文旅项目的企业价值观。英国伊甸园是现代环保理念与传统园林经验结合的成功作品，不仅吸引大量的游客，而且成为英国环保教育基地；浙江莫干山裸心堡，凭借创新环保的技术拿下中国首座建筑行业中最高荣誉奖项——LEED国际绿色建筑铂金级认证。这一重量级的资格认证，让裸心堡获得更多人的认可，也彰显了裸心品牌的价值观，酒店经常一房难求。

  一个优秀的品牌，大致可分为三个发展阶段：品牌认知、品牌忠诚、品牌崇拜。从品牌认知到品牌忠诚，可以通过过硬的产品品质实现；而从品牌忠诚到品牌崇拜，依靠的是则价值观驱动。

  价值观也是企业在打造文旅项目时要特别注意的问题。由于这个行业的不成熟，诸如企业社会责任（CSR）等其他行业的标准很少被文旅行业重视。而实际上，无论是动物保护、价值观冲突，还是少数群体歧视、环保等议题，都有可能成为文旅项目遭遇的麻烦，需要在产品设计时格外重视。

后疫情时代，
景区如何实现弯道超车？

疫情改变了人们的生活和态度。悲观，是文旅行业从业者普遍的心态。如何在危难中找到机会，在困顿中看到光明？这篇文章就是我给出的建议。三年疫情中，不少企业已在践行其中的一些建议，更多的企业在疫后会自觉地选择这些弯道超车的机会。原文发表于《大时代文旅》，获得了行业媒体的广泛转载。

持续三年的疫情给文旅行业带来了沉重的打击，疫情结束后，市场极大可能恢复，但有一部分市场主体肯定会等不来黎明。

如何与病毒长期共存，如何在经济下行和疫情防控影响的双重压力下绝地求生甚至脱颖而出呢？

相较于前几年的"村村点火，户户冒烟"的文旅投资热潮，这次的疫情就像一次退潮，让大家清楚地看到了自己的窘迫。

如果希望不要在未来的疫情和灾难面前重蹈覆辙，或者在疫后复苏时能弯道超车，我们可以做些什么呢？

这次的灾难，集中曝光了我们文旅行业尤其是景区行业存在的问题。这些问题，既有与国民经济的其他环节和产业共同的问题，也有景区行业自身特有的问题。

我们无论在前瞻性思考、战略布局、互联网思维，还是在具体的营销手段方法上，都与其他先进的行业有不小的距离。

对于绝大多数景区来说，至少下面八个方面的工作是必须迅速补强和予以高度重视的。

■ 一、战略，战略，还是战略！

对于绝大多数景区来说，疫情结束以后，首先要思考经营战略问题。我们一直在强调，景区经营，赢在战略！战略是纲，纲举才能目张。整个中国文旅行业（尤其景区）在营销、在品牌建设方面的系统性、超前性是非常不够的。整个行业所体现出来的往往是重模仿，轻创新；重产品，轻营销；重销售，轻品牌；重瞬间爆发，轻工匠精神。比如很多企业在产品上愿意花几十亿、上百亿甚至几百个亿，但是在品牌和营销方面却舍不得花钱或已打光了子弹；很多企业花了不少钱在硬件的购买和建设上，但对于消费者的需求缺乏洞察和了解；很多企业看不到品牌的价值所在，只是一味追求销售，用紧急的事代替了重要的事……这样的思维误区不一而足。

从我17年品牌、营销、市场的实操经验和思考来看，我一直非常强调：品牌是销售最重要的保障。品牌不仅能够带来远期的销售，而且也直接影响近期的销售。过去我们在长隆经常说的一句话是：如果没有品牌的空中轰炸，地面销售部队是没有办法攻城略地的。

另外就是大家对于文旅行业的底层逻辑需要有一个清醒的认知。它的打法、节奏、力度和资源整合方式，甚至外部合作方式都有其独特而生动的规律。如果可以尽快弄懂这些规律，那么我们可以少走不少弯路。文旅行业就是老火煲靓汤似的一个行业，它必须得沉下心来，扎扎实实地一步一个脚印地走向成功。

这么说并不意味着文旅行业或景区经营就不会出现爆炸性效果，而是你必须得用时间来累积这个爆发效果。比如说我们过去做很多项目的推广，并不是在这个项目开业前两三个月才开始做推广。我们往往从这个项目拿到地开始，就不断地在制造各种新闻，创造各种传播，营造各种消费者期待。经过一两年的积累，自然水到渠成，瓜熟蒂落，会产生一个爆发式的效应。而且，在这一两年里所花的费用，一定会比你在两三个月里面花的费用要少得多，性价比肯定是很高的。

我们一直在讲文旅行业的底层逻辑，其实就是指这个行业并没有太多的资金供你狂轰滥炸，饱和攻击。它需要的是长期、持续、有战略思考的步步为营、稳扎稳打。所以我觉得文旅企业要尽快去建立这样的一个品牌和营销的战略思维，你得尽快着手部署营销动作，越快动手，就越能够尽早地用较少的成本形成较大的竞争力。当你在做一些新项目或者推出新产品的时候，你就可以迅速地点燃和引爆，而不要指望只是在开业前两三个月，拼命地去砸一些广告来取得效果，这个是完全不可行的。

时代文旅过去17年中总结出来的文旅和景区行业的核心品牌和营销战略就是：娱乐化营销和企业媒体化。这两个战略经历了从理论到实践，从实践到理论的多次来回，是目前我们认为最适合中国文旅企业和景区的品牌和营销方法论。

在这两个核心战略确定后，景区需要解决三个战略定位问题：市场定位、产品定位和品牌定位。即：你的客人在哪里？你的产品的独特性在哪里？你在消费者心目中的形象是什么？

如果在没有解决好这三个定位问题就往下走，就会如盲人骑瞎马，夜半临深渊。反之，如果想明白了这三个问题，企业就会走向一条上升通道，成功是迟早的事情。

■二、用复合破解业态单一之踵

文旅行业和景区是一个整体利润水平不高的行业，而且很多企业的业态非常单一。这个阿喀琉斯之踵一旦遇到类似疫情这样的太阳神之箭，就会陷入致命危机。

所以我的第二个建议是，景区要尽可能地做一些复合的动作，比如说跟第一产业复合，跟第二产业复合。举个例子，我考察过日本一个叫"母亲农场"的项目，我原本以为它是一个很有名的观光项目，到了现场发现它其实更多的是一个畜牧业、种植业加观光休闲的项目，游客并不是特别多。它百分之六七十的利润是来源于畜牧业及其加工产品和种植业的收入，其余约百分之三四十来源于旅游观光收入。这个项目做得成功的原因，一方面在于其畜牧业和商品的销售在很大程度上为观光项目的品牌曝光和宣传带来了很好的帮助，因为大家在很多商场、超市都可以看到"母亲农场"的优质乳制品和食品，包括一些水果之类的，这就对它的观光项目起到了非常好的宣传推广作用。

另一方面，文旅项目天生就是一个很好的媒体平台，而且是一个沉浸式的、体验式的媒体传播平台。所以"母亲农场"作为一个观光项目，对它的商品销售具有良好的促进作用。两方面相得益彰，这就是我说的第一个复合概念。现在国内已经有一些工业和牧业企业在做与文旅项目的复合联动，但囿于文旅行业的经验和资源，这些项目仍停留在小打小闹的阶段，缺乏突破性的进展。

一方面，文旅企业要主动去拥抱其他产业；另一方面，疫情带来了重新洗牌的机会，一大批企业的投资热情会被浇灭，但却也给其他行业带来了抄底或整合的机会，如医药行业进军康养文旅、线上企业进军线下体验等。这些都可能为我们线下的景区带来被整合的机会。景区可以关注和寻求这样一些整合和被整合的机会，共同做大做强。

第二个复合概念是指线上线下的复合。过去文旅企业尤其景区绝大部分在做线下的生意，线上基本上未涉及。这个模式必须改变！

这次疫情对高度依赖线下体验的景区产生了致命冲击，但类似故宫这样有着强大文创能力和线上销售渠道的企业，受影响程度则肯定会小很多——线上文创产品的销售可以较好地弥补线下的损失。

在这次疫情中，我们看到一个非常显著的现象，那就是越来越多的企业通过在线的方式寻找突破口。几乎所有的行业都在启动在线模式。这是一个突如其来的、跳跃式的行业升级的机会。

疫情过后,在线和利用数字化技术进行传播、沟通和交易将成为主流模式。疫情期间,我看到很多专家在建议景区做 VR 景区,或通过网上直播的形式让大家去了解和保持品牌热度,甚至通过直播带货。可是大家没有意识到一个问题,那就是并非所有的企业都拥有这样的系统设备的。现在做得比较好的也就是故宫或颐和园这样的企业,因为它们已经提前布局和构建形成了这样的系统。这个时候,它们的优势就体现出来了。

类似于 VR 动物园或者是 VR 景区,或者一些直播的手段和技术,过去在线下生意做得比较顺利的时候,很多景区可能往往忽略它们的价值,觉得这个东西没什么意义,甚至担心会不会影响到线下的生意。但这次的疫情暴发以后,我希望大家能形成一个强烈的意识,那就是这些基于线上的直播和数字化技术的运用,将成为大势所趋。我们必须建立一个与线下体验平行的线上传播、交流、交易的平台。

其实这个做起来并不难,甚至有很多机构愿意免费或花很少的费用,或者通过联合营销的方式来帮你做,问题仅在于景区有没有这样的意识去把握时机。

最近就有一个乳品企业找到我们时代文旅,希望物色一个动物园来联合做线上的直播。我们在甲方工作时,也会经常有 BAT 这样的合作伙伴主动上门来洽谈这样的合作方式。所以,只要有准备,这样的机遇不难得到。

■三、企业自媒体建设和内容制造必须是"一把手工程"

我们给每一个客户做顾问服务的时候,最强调的就是必须尽快建立自己的企业自媒体矩阵,必须形成自己的强大的内容制造能力。因为基于自媒体和社交网络进行的内容营销是一个成本最低、效果最好的传播方式。我们过去的实践也完全证明了企业自媒体不仅是一个传播平台,也是一个销售平台，还是一个数据库营销的平台，三位一体，可以非常好地构建起企业未来竞争战略优势。

关于企业自媒体这一块，我觉得最需注意的一点，是它一定得是"一把手工程"。因为目前企业里面做自媒体的人往往级别不高，不是特别强势的一个人群，所以他们很难调动整体的资源来做这样一件需要全局性、战略性思考和布局的事情。这件事情必须老板自己重视起来，甚至亲自抓——亲自抓内容、亲自找人、亲自组织转发、亲自给团队和整个公司制造氛围和压力去推动这个事儿。

我一直有个坚定不移的观点：未来一定是一个内容营销的时代。每个企业的营销水平、营销能力或者营销效果，将直接取决于这个企业的内容制造能力，这个是毫无疑问的。所以我们提出每一个企业不仅要做自媒体，不仅要利用"他媒体"，而且要"媒体化生存"。"媒体化生存"的意思是什么呢？就是指整个企业得像一个媒体那样去工作和思考。无论是董事长、总裁，还是每一位普通员工，都要把自己化身或者想象为一个媒体人，都要以媒体的思维去考虑：我有什么东西可以传播？我需要传播什么东西？我怎么传播才有效果？只有真正做到这一点，企业的内容制造或者自媒体才能取得突破性的发展。

从这个意义上来讲，每个企业都需要一个首席内容官。英特尔公司早在几年前就开始设置这样的高级职位。大家可以参阅一下前英特尔全球营销战略总裁帕姆·狄勒撰写的《首席内容官：解密英特尔全球内容营销》一书。书中强调，在互联网时代，每一家公司都需要一位"总编辑"，一位擅长用内容打动用户的"设计师"，一位具有跨界思维、擅长跨区域整合战略、长袖善舞的"首席内容官"。

2005年我投笔从商，从媒体进入长隆时就提出一个理念：我们不仅是一家企业，还是一个媒体。当时很多人无法理解这句话，我曾经跟大家分享了这样一个启发：

早在20世纪90年代，有一位叫作尼葛洛庞帝的美国学者提出一个说法，叫数字化生存。他说未来所有的企业都将是互联网企业，无一例外。当时我们听了非常震撼。因为那时候说到互联网企业（当时还不叫互联网企业，而是叫IT企业），不就是指微软、英特尔、思科、联想、北大方正、清华紫光、巨人这样一些企业吗？我们这些普通的企业怎么可能是互联网企业？然而，事实证明10年、20年以后，的的确确所有的企业都成了互联网企业，都必须"数字化生存"了。

所以虽然我们现在提"企业媒体化生存"这个话，大家听起来可能觉得有点突兀，但是我相信10年以后，大家再回头想到这个问题的时候，一定会觉得我们所说的这个话是正确的。也就是说：未来所有的企业，不仅是互联网企业，还都将是媒体。所有的企业都必须像媒体一样思考，"媒体化生存"。

另外，在企业自媒体建设方面，我们也总结了一些趋势。我们认为企业自媒体有三个不同的发展阶段：

1.0阶段就是目前很多企业所谓的自媒体。这种"自媒体"，归根结底，其实就是企业报或者企业内刊的一个电子版而已，讲来讲去都是企业内部和老板的那点事儿。我们把它称之为1.0时代的企业自媒体。

2.0时代的企业自媒体是什么意思呢？就是说还是企业的自媒体，还是冠以企业的标签，但是因为它所做的内容已经有一定的社会性，有一定的外部性效应，所以相对来讲比较容易获得消费者认同。比如说我们过去在长隆的时候，因为有很多的跨界合作，有很多的跟影视IP的合作，有很多自制的、创意的内容，所以尽管我们打造的自媒体仍然有企业标签，但实际上大家看起来觉得它的内容还是挺有意思的。所以这种企业自媒体已经突破了1.0时代，基本具备了一个媒体的属性和价值。

但是我们认为这样的一个形态还是不够的，未来的企业自媒体应该是没有企业标签的，或者有企业标签，但是它的内容是去企业化的。也就是说，未来的企业自媒体应该是一个由企业投资、针对企业目标消费人群、超越企业内容界限、以第三方面目出现的媒体。这就是我们所理解的3.0

时代的企业自媒体。

前两年中国平安出了一个招聘启事,准备招180人的全媒体队伍,打造一个叫作"平安头条"的自媒体。这种做法就很有可能产生类似于我所说的3.0时代的企业自媒体。

另外举一个例子,比如红牛。红牛其实很早就开始做这个动作了,它的自媒体和内容制造比较早地进入了我们所说的3.0时代。大家熟悉红牛,是因为红牛过去在媒体,尤其是体育类媒体中做了很多广告,包括《体坛周报》以及央视和各个省的体育频道等。但是后来红牛开始逐渐减少广告的投放,转而开始做一些内容和事件营销。它把过去投放在针对目标客户的媒体上的广告费、宣传费,变成了针对目标客户全力打造一个媒体,而且还是一个有文字、图片、视频甚至声音的多媒体。我觉得未来每个企业都有可能建立这样的一个平台,只不过也许那些非常大的企业很可能会做出相当于现在省市级卫视、电台或省市级大报这样规模的自媒体,而那些较小的企业可能做出一个地区性的电视台、电台或报纸规模的自媒体。

我认为,那些大的企业尤其是全国连锁型企业,如华侨城、欢乐谷、方特等,在3.0时代企业自媒体的打造上是很有竞争优势的。它们可以利用其全国性的触点和丰富的内容,广泛吸纳私域流量,形成针对全国目标消费者的巨量企业自媒体。

同样,各地的省、市级政府及文旅集团,也完全可以在区域范围内利用其强大的行政优势和众多的景区触点,打造区域性的强势自媒体。

■四、让私域流量成为企业的战略资产

所谓的私域流量就是企业通过自己运营的各种平台,如公众号、抖音、微博、APP等,所得到的数据或者流量。举个例子,恒大的恒房通现在号称拥有1000万用户,我们在长隆任职时所打造的微信公众号粉丝达到750万等,都是一个巨大的私域流量。私域流量很好用,因为完全掌握在

企业手上，持续产生的效果也非常好。且其一旦建立起来，维护成本和运营成本都会比较低。

现在大家都能够看到私域流量的价值所在，问题就在于谁能够先做，谁的思维能够领先，谁就能够更早地获得回报。景区必须提早布局，必须有超前眼光，必须得一把手下定决心。在选择所服务的客户的过程中，我们通常会要求直接跟董事长或老板对话，因为只有他们认同我们的价值理念，企业才可能形成一个很严密、很完整、很超前的战略，否则事倍功半。

■五、用社群激活、连接用户

社群的打造非常重要。企业自媒体也好，私域流量也好，怎么样才能把这些最终转化为销售？其实很重要的一点，就是社群的力量。仅仅拥有一些冰冷的数据是没用的，必须得让这些数据变成活生生的人，必须得跟这些活生生的人去交流、互动，让他们对企业产生信任感、认同感，甚至是崇拜感，或者至少产生平等交流的共鸣感。所以社群的建设也是对未来企业来说非常重要的一个战略。每个企业都要通过社群的建设，跟自己的消费者建立起共同的理念，或让消费者认同自己的理念。

有关这方面的例子，我们可以看看"一条"。"一条"本身就是一个媒体，有它自己独特的价值观与理念，所以当它转型为一个销售平台的时候，很多人愿意追随它——因为认同你的审美观，认同你的价值观，所以你推荐的产品我就愿意接受。早期罗振宇卖书其实也是这个道理：因为我认同你的价值观，认同你对于知识产品的这样一个评估系统，所以我就愿意去买你所推荐的书。

再有一个例子就是阿那亚。这个房地产企业通过社群营销和品牌、产品设计，成功地将自己塑造成为文旅行业的榜样。我常常称阿那亚为"地产文旅"。很多的地产企业希望通过与文旅的结合，打造文旅地产的概念；但阿那亚反其道而行，将自己包装成为品类独特的"地产文旅"。这个例子非常值得大家学习和思考。从某种维度来说,是社群营销成就了阿那亚。

社群建设的另一个直接效应就是销售方式的改变。海尔从 2015 年就开始实施店长和销售人员社区家电顾问的计划,为商场和专卖店的消费者服务。这就形成了以人为节点的销售体系。传统的以终端和平台为主的销售时代,或迟或早、或多或少都将被以人为节点的销售方式所取代。

■六、从经营产品转为经营数据

企业要走出产品思维,建立起数据经营思维。也就是说,要把基于用户需求的数据资产的管理、运营放在战略性位置上。

其实我在很多年以前已经提出这样的问题:当企业在销售完产品以后,应该怎么样去继续发挥这些数据的价值?作为景区来讲,如果仅仅只局限在如何提高游客的公园和酒店复购率,是远远不够的。因为景区的消费属于一种非常低频的消费,数据资源得不到很好的利用和发挥。

很多景区和酒店其实积累了很好的数据资源。问题在于,如果企业仅仅希望酒店的客人能再次入住,这个有可能吗?答案是有的,但是频率、频次不会太高。可是,如果企业拥有数据库营销的理念,并将这些数据资源改造成一个有着企业的独特价值、独特选品品质要求这样一个销售平台的话,它就有可能为企业附加更大的能量。以工商银行为例,它本身是做金融服务的,但除了卖金融产品以外,工商银行还有一个网上商城,上面销售各种各样的产品。这样一来,一方面可以满足客户的多方面需求,另一方面,也可以为企业创造更多的盈利点。同理,提供航空服务的南航为什么要在飞机上进行奢侈品销售?无非是想要进行数据资源的再利用。

所以,对于未来的企业经营来说,数据是一项最最重要的战略性资产,企业不仅要去收集这些数据,同时还要从战略的角度考虑怎么样去构建一个重复销售的平台和机制。过去,企业不仅在数据库营销方面的重视程度不够,同时对文创产品、线上可销售产品以及消费者画像方面,都是缺乏战略性部署的。当疫情来临时，当景区不能再卖门票时，企业就什么东西都卖不了了，这是一个很大的遗憾。过去景区往往把文创产品或衍生品当作门票、酒店和餐饮以外的一个补充，但经过这一次疫情的冲击，我觉得企业都应该深刻地认识到，自己需要在未来部署线上线下两条战线，要随时想到，当景区无法实现线下体验时，应当在线上卖什么？因此，我觉得未来文旅行业对于文创产品的开发力度必须大大加强，且形成战略性布局。

总之，对于景区来说，每年有几百万、几千万的购买消费人群固然很重要，但更重要的是如何通过平台的搭建，让这些人群成为你的产品（包括旅游产品和其他各种产品，如衍生品、文创产品、适合目标人群的特色产品等）的持续消费者。

■七、每个企业都要学会"抱大腿"

疫情所影响的不仅仅是文旅行业，整个国民经济、各行各业都受到了很大的影响，所以抱团取暖一定是未来的一个趋势。我们过去在企业任职时，有过很多跨界合作的案例，包括啤酒、饮料、电器、各种 IP 等。我们当时曾特别提出一个概念，就是一定要"抱大腿"。所谓的"大腿"，当时对于我们来讲就是 BAT、湖南卫视、中央电视台、浙江卫视等这些资源，现在，这个"大腿"还包括爱奇艺、优酷、腾讯视频，还包括京东、头条等这些，当然也包括中国顶级的一些家电企业、金融企业、IT 企业、通信行业企业等。"抱大腿"的目的，是要通过一些联合营销或者跨界合作，去降低企业的营销成本，同时利用合作方的流量与消费场景去推广自己的产品。我觉得这是未来各个景区必须高度重视的。当然这也需要有个过程，因为景区跟其他企业之间打交道并不频繁，不容易达成这样的合作关系。

我这里有两个建议。第一，就是像我们当年所做的那样，要先形成一个战略性布局。2006 年，我们做过一个项目，就是在长隆欢乐世界开业时，专门组织两个小组，一家一家地主动拜访那些大型企业，包括可口可乐、百事可乐、百威啤酒、家电企业等，向对方介绍我们的产品，以及我们打算如何开展联合营销。经过努力，当有一单、两单、三单事情成功后，它就会很快产生一个示范和从众效应。我记得我们最早做成功的是与中国移动的联合推广。中国移动赞助了一笔费用，我们把乐园里面一个原本打算命名为"尖叫地带"的区域，以当时中国移动正在推广的一个品牌"动感地带"重新冠名——这个双赢的合作开启了企业跟外部品牌联合推广的大门。

所以我认为，凡事预则立，不预则废，企业首先必须有这样一种超前的眼光、超前的意识，才会源源不断地吸引后续资源的进入。

第二个建议很简单。即当企业不具备上述能力，或一时半会来不及的情况下，可以委托一些专业机构帮你实现。比如像时代文旅这样的机构。

八、把你的产品做成生活方式

我们经常说一句话：三流企业营销产品，二流企业塑造品牌，一流企业创造价值观和生活方式。

这句话有些绝对。更准确的说法是，企业在初始阶段一定要以产品为核心。尤其对于那些新开张的企业，产品是营销的重点；企业发展到一定阶段，就必须品牌主导。品牌是企业获利最大、最持久的驱动力量。但放眼世界，真正伟大的企业无不在输出价值观和生活方式，比如苹果、可口可乐、迪士尼等。

菲利普·科特勒几年前出版了《营销3.0》一书，提出了营销的1.0时代以产品为中心、2.0时代以消费者为中心、3.0时代则以价值观认同为中心的观点。3.0时代的营销重点就是企业要输出自己的使命、愿景和价值观。

对于景区来说，最终极的价值在于为消费者打造生活方式。一旦产品成为生活方式，则没有任何力量可以阻挡消费者的汹涌而至。

要打造生活方式，我们必须改变一个固有的观点，那就是以产品论产品，如动物园以动物观赏和互动作为卖点，游乐园以刺激的游乐设备为卖点……

但在未来，不管是动物园、游乐园还是其他什么产品，都将是一个生活空间，一种满足现代人需求的生活方式载体，它们或时尚潮流，或炫酷激情，或文艺温暖，或休闲康养……与其他生活空间不一样的地方仅在于，它们具备动物、游乐设备或其他的背景和底色而已。

这就要求景区经营者必须具备良好的消费者洞察力，强大的资源整合能力和文化创意能力，以及"高感性"的气质。

丹尼尔·平克指出，未来属于有创造力、具同理心、能观察趋势并为事物赋予意义的"高感性人群"。这群人具备六个特征：不只创造功能，还重设计；不只论述观点，还会讲故事；不只会谈专业，还会整合；不只求证逻辑，还懂得关怀；不只展示正经，还会玩乐；不只顾赚钱，还寻求意义。

我们可以对照一下，我们离这个要求有多远的距离？而这个距离，就是一个优秀的企业到一个卓越的企业之间的距离。

就像非典催生、壮大了携程、京东一样，这一次的疫情也会让一批企业倒下去，让一批企业异军突起。谁能够抓住互联网技术和思维的风口，谁具备战略思考和布局的能力，谁拥有整合资源的胸怀，谁就有可能弯道超车，浴火重生！

附录

执惠专访熊晓杰：三年磨剑，聚焦文旅

2021年，在时代文旅成立3周年之际，作为公司创始人，我接受了文旅行业头部媒体执惠的专访，分享了从业17年来对行业的观察和思考。

以下是执惠原文。

熊晓杰，一名文旅老兵，从2005年投笔从商、由媒体人变身职业经理人以来，在文旅这个行业已经深耕了近14年。

2018年，熊晓杰离开了老东家长隆，创立了时代文旅，专注于文旅行业品牌和营销战略顾问服务，并以"成就中国文旅第一品牌"为使命和愿景。

拥有营销学博士学位的熊晓杰曾是国内知名的财经媒体人，是国内文旅界难得的同时具备理论素养和实战经验的专家。他的时代文旅呈现出很典型的学习型组织的特征，在输出顾问服务的同时，也与时俱进，持续产出观点和思想。他个人的"熊晓杰说文旅"是行业内头部的知识类视频号。如今，时代文旅已经走过了3个年头，虽然时间并不算长，但是在熊晓杰的带领下，已经快速成长为业内领先的营销顾问机构。

近日，熊晓杰接受了执惠的专访，分享了他对文旅行业17年的观察和思考。

执惠： 您在前东家的工作经历非常成功，打造了非常多的文旅行业经典营销案例。为什么选择离职创业，从甲方变成乙方，是什么驱使您做出了这样的选择？

熊晓杰： 首先，在"下海"之前，我是一个媒体人，做了十几年的传播工作，这段经历对我影响很大。我一直认为我职业生涯的后半段，应该成为知识传播行业的从业者。

其次，我在甲方十多年的工作过程中，深感文旅行业的整体营销水平，相比快消、家电等行业，还有很大的差距。起步晚是一个原因，最主要的还是行业缺乏高水平高质量的营销和品牌服务供应商。我在甲方14年，接触过国内外几乎所有头部的营销和品牌的服务商，他们都非常优秀，但大部分仅仅能够提供一些技术性的或者是片段性的工作，很难在顶层设计、行业洞察以及结合园区的特点开展活动策划方面，为景区提供实质上的支撑。因为他们没有文旅一线从业经验，也缺乏策略思考能力。因此，过去从顶层设计到理论体系的建立，到一些大的节点活动的策划，再到一些重大的合作或者重大的项目的推进，都是以我们为主导来进行的，乙方公司只是承担执行的工作。片段性的服务，能给企业带来一定帮助，但不能对行业和企业带来根本性的帮助，行业洞察与趋势把握才是根本。

我们在文旅一线做了十几年，有丰富的实战经验和社会资源，同时因为我的媒体出身以及善于思考的特点，我们在文旅品牌和营销理论体系建构方面，逐步形成了一些比较独到的思考和研究成果。从媒体到企业，从企业到顾问公司，经历了一个从理论到实践，又从实践到理论的循环上升过程。我认为，这些思考和成果，不只适用于一个企业，在其他企业身上同样适用，因为它们是在行业底层逻辑上建立形成的体系和打法。事实证明，无论是过去14年我在甲方的经历，还是出来以后我作为乙方的这3年经历，我们过去所摸索出来的理论体系和实战打法是行之有效的。

执惠：您从甲方出来之后，创立了时代文旅，时代文旅是一家怎样的公司？与其他乙方公司有什么区别？

熊晓杰： 著名战略咨询专家王志纲曾生动地用桌面和桌脚来形容战略咨询公司与广告公司的差异：广告公司拍一个广告或者设计一张海报，起的是桌脚的作用；而战略咨询公司做的是大局洞察、趋势研判、顶层设计、资源整合这些工作，起的是桌面的作用。一张桌子，桌脚不可或缺，但最后决定桌子价值的是桌面。时代文旅就是一家提供"桌面"的公司。

经过三年的发展，时代文旅已经成为一家平台型的顾问公司。一是资源流通的平台。大量的乙方供应商通过我们找到了甲方，也有很多甲方通过我们找到了优质的乙方供应商。二是行业沟通的平台。我们通过一年一届的中国文旅新营销峰会和广州国际旅游博览会论坛，搭建了一个行业沟通交流的平台，促进行业共赢。三是观点输出的平台。我们在提供顾问服务的同时，也在成为观点的输出方，我们打造的"娱乐化营销"和"企业媒体化"理论，得到行业的广泛认可。这三点是时代文旅与其他乙方公司最大的区别。

执惠：您创业这三年来，接触了很多项目，对行业应该也在持续观察，您认为这三年文旅正在发生哪些变化？

熊晓杰： 我们这三年来服务过的企业，既有如河南银基度假区这样大规模的、综合性的、传统的旅游度假区，也有中国首个戏剧主题公园只有河南·戏剧幻城、中国最大的文商旅学综合体正佳广场这样的创新、混合业态，还有熹乐谷、星乐度这样小而美的微度假项目。这些项目让我们真切地感受到，当下文旅行业不是规模制胜，而是创新制胜。这三年确实发生了很多变化，当然有些变化并不一定就是这三年发生的，是一个长期累积的过程。

总的来讲，我认为文旅主要有这几个变化：

一是我们已经进入一个"一切皆文旅，文旅赋能一切"的时代。我们看看身边,超级文和友是一家餐厅吗?阿那亚是一家房地产公司吗?钟书阁是一家书店吗?亿航白鹭是一家无人机公司吗?它们都已变成了文旅项目。

中国台湾一个小乡村的稻米被文创成"掌生谷粒"后身价倍增;日本一个衰败的乡村越后妻有因为"大地艺术祭"而成为世界级旅游目的地;河南林州的石板岩镇因为每年成千上万的写生学生而富有艺术气质;广州正佳广场因为海洋馆、雨林馆、博物馆而成为世界级城市中心文化旅游目的地。所以说,文旅也在赋能一切。

二是行业正形成"百花齐放,百家争鸣"的格局。耗资数百亿打造的上海迪士尼生意持续火爆,但投入只有数千万的季高兔窝窝也能用很短时间就收回成本。大有大的优势,小有小的美好。我相信,未来将有大量小而美的项目异军突起,共同点亮这个时代。

三是微度假正在成为消费新潮流。微度假很火是因为疫情起到了加速的作用。过去小长假热门目的地盘点,排在榜首的往往都是一些大型主题公园或度假区,现在则变成了诸如惠州西湖这样的景点。清远的熹乐谷,非常适合1—2天的微度假,可以泡温泉,可以玩水上乐园、无动力乐园,可以参加各种充满文艺调性的活动,比如说诗歌节、音乐节等,微度假体验很好,因此疫情期间业绩实现逆风飞扬。

一些城市中心的项目也在成为微度假目的地,比如说广州的正佳广场,集文化、旅游、商业、研学于一体,已成为城市微度假的热门项目。因为人们的出游需求,比如看动物、吃饭、看电影、玩游戏、购物等,都能在这里得到满足。而且城市微度假项目跟城市近郊的项目相比,距离更短,消费更低(相对于远距离的出行),出行更环保、随意性更强,消费频次也可以更高,是一个非常值得关注的情况。所以我相信,在每个城市都会出现这样的一些城市微度假项目,比如说上海的爱那里度假天地,也是一个微度假项目,因为它有商业业态,有国际IP打造的变形金刚和小马宝莉家庭娱乐中心,有餐饮,有酒店,这样的混合业态使得它未来也将成为上海城市微度假的理想选择。

四是沉浸式大行其道。在旅游的 1.0 时代,主要是观光、游览;进入到 2.0 时代,则是主题体验,这一时期大量主题公园项目雨后春笋般涌现;现在进入到 3.0 时代,沉浸式项目开始风行,人们不再是简单的游览者,而是全身心参与,并充分调动个人情感,像《SLEEP NO MORE》《阿波罗尼亚》这样的沉浸式戏剧以及一些剧本杀项目,都非常受欢迎。主打沉浸式体验的中国首个戏剧主题公园只有河南·戏剧幻城开业后,也受到全国的关注。

五是人们将越来越注重精神生活的追求。尽管新、奇、特依然会受追捧,但未来将越来越讲究创意、生活方式和价值观。阿那亚之所以能够成为网红神盘,是因为它构建了一套完整的由三个层次构成的价值体系。产品是其中最低层次的东西,它们只是载体;在产品之上,是一整套生活方式的主张及其配套服务体系;再往上,是一整套价值观体系。阿那亚所倡导的价值观和生活方式,从物质层面来讲,就是有品质的简朴和有节制的丰盛;从精神层面来讲,就是提倡回归家庭,回归自然,回归传统,回归一种有灵性的本真生活。然后,通过社群运营,与消费者建立认同感和参与感,甚至成为利益共同体。

六是我们处在主流时代。红色影视剧、国潮文化近来备受追捧,彰显民族文化自信的题材受到广泛关注。接下来,国家宏大命题,如乡村振兴、红色旅游等,将会创造更多机会。

执惠:您对文旅行业,有什么建议?

熊晓杰:在新消费领域,有一句话,叫"所有行业都值得重做一遍"。重做不是炒冷饭,而是颠覆。如钟薛高、完美日记、小罐茶这些品牌,都是在重做的基础上对行业进行了颠覆。文旅行业也存在被颠覆的可能性和需求。我们要根据市场的变化、消费者的洞察和文旅行业本身的属性,勇敢地颠覆自我。这是第一个建议。

第二个建议是，敞开怀抱，吸纳更多的文化精英进入行业和企业。当前大部分的行业从业者是从其他行业转型而来的，文旅基因不足，在产品打造和内容包装上以借鉴为主，如借鉴迪士尼、环球影城等成功项目。但迪士尼本身就是内容公司和创意公司，我们目前能借鉴的往往是外表。所以，文化和旅游的融合要想更深入，需要敞开怀抱，让更多的文化人创意人进来，让真正懂文化懂创意的人有施展拳脚的空间。

第三个建议是，每个企业都需要明确自己的使命、愿景和价值观。使命、愿景和价值观让品牌人格化，拉近企业与消费者的距离。有使命感、奋斗目标并且三观正的企业才能走得更远，才能真正赢得消费者。

第四个建议是，打造生活方式。在营销界流传着一句话："三流的企业做产品，二流的企业做品牌，一流的企业做标准。"对文旅企业来说，一流企业的"标准"就是"价值观和生活方式引领"。过去人们对度假的需求可能一年就两三次，现在则是每个周末，度假已经成为一种生活方式。如果你的产品刚好满足人们生活方式的需要，那必将大受欢迎。而在大部分时候，消费者的生活方式需要引领，一旦企业将自己打造成了生活方式，则没有力量可以阻挡消费者对你的向往。

附 录

那些让我变成现在模样的书

我的朋友秦朔先生在本书前言中对我的经历做了较为详尽的描述，现在这篇附录文章则可以让大家了解更多我的内心世界。文章最早写于供职于长隆时期。为了给同事们开书单，我开始陆陆续续分享我读过的书和心得。我很享受这样的分享，也希望读者朋友能从我的书单中，找到成为一个合格营销人的方法。

从事企业管理和咨询服务工作十几年，我每次面试新人，几乎都会问一个问题：你平时都看些什么书？在我看来，书是塑造人的刻刀。从年轻人的阅读习惯中可以看出 TA 的未来。

可惜的是，现在的年轻人都不太读书。面对这个看起来十分普通的问题，绝大多数年轻人没有给出令人满意的答案。

由于孜孜不倦地向年轻的同事倡导读书，有同事提议，何不开张书单，让大家按图索骥，找到通往书山的捷径。背后的潜台词是：我们如何才能够像你一样思考？

嗯，这是一个好主意。

以商业类阅读而论，我关注几个方向的内容：一、企业是什么，它存在的意义和价值是什么；二、商业趋势是什么，我们可以从哪里找到洞悉未来的慧眼；三、我们如何生成自身的技能。

作为一个曾经从事16年商业报道而后又从事企业管理工作14年、从事咨询行业4年多的人，我始终关注这样的问题：企业是什么？企业的价值和意义是什么？什么样的企业值得尊重和效仿？是什么让企业或基业长青或一败涂地？

20世纪90年代，我接触了几本后来对我的企业价值观有很大影响的书：《惠普之道》《联想为什么》《基业长青》《从优秀到卓越》。

那个时候，中国企业的管理经验基本来自西方，而IT公司（当时还不能称为互联网公司）是最早吸收和实践西方管理思想的企业。《惠普之道》对于相当一批中国企业的价值观的形成，起到了启蒙作用。所谓《惠普之道》，一言以蔽之，就是以人为本。这点对于一个企业来说，太重要了。

20世纪90年代，中国出版了第一本讲述中国企业故事的书。这就是《联想为什么》。我与该书作者陈惠湘后来因为一场笔战成为好朋友。联想是当时的中国企业的标杆，不仅业绩优秀，价值观、企业文化也堪为师表。这也是这本书在中国风行一时的原因。它也让陈惠湘在国内暴得大名，各种演讲、培训邀约络绎不绝。后来陈惠湘谦虚地说，他不过是联想这匹骏马上的牛虻，微不足道但一日千里。

现在来说这本书似乎太过时，因为后来中国此类书籍汗牛充栋。但在我心目中，它的价值是无法取代的。它在我形成对企业价值观认识的时候，在我的脑海里钉下了一颗钉子。

有多大的尊重就有多大的伤害。当联想历史上第一次出现大裁员时，"企业不是自己的家"成为联想品牌和企业文化的负面绷带；当因为投票事件，柳传志振臂一呼而坊间一片骂声之时，我感到深深的悲哀。我只能说，联想曾经是我心目中一个美好的存在。

《基业长青》是一本振聋发聩的书。它通过对18个"高瞻远瞩公司"的跟踪分析，得出结论：公司经营最重要的是经营公司本身。它让我第一次认真思考企业存在的意义和永续经营的方法。基业长青靠的不是上帝的第一次推动，而是时钟机制。尽管书中很多辉煌了50年的企业在移动互联网时代都多少出现了一些危机，有些甚至是致命的，但它们所总结出来的价值观和方法论，对于绝大多数企业来说，仍有圣经般的意义。

《从优秀到卓越》是作者柯林斯继《基业长青》后的又一巨著。书中总结了从优秀到卓越的七个方面，并指出"优秀是卓越的敌人"，提出了"第五级经理人"这个尤其让人印象深刻的概念。公司利益至上、拥有坚定意志和谦逊个性的"第五级经理人"，的确是企业的大幸。

《万科》周刊是迄今为止中国企业最成功的自媒体营销。20世纪90年代，企业管理者、营销人，甚至知识分子、媒体人，均以读《万科》周刊为荣，就如同读《读书》一样。它的人文情怀，让万科后来几十年饱受恩泽。它为万科树立了一个阳光、公平、温暖的人设并持续至今。

有几本企业家传记，对于了解企业的本质也非常重要。一本是《乔布斯传》。这是大部头的作品，但读来令人兴致盎然（建议大家选择台译本，信达雅上更见功力）。"现实扭曲力"揭示了所有企业家成功的奥秘。异曲同工的是葛罗夫的名言"只有偏执狂才能生存"。当年《只有偏执狂才能生存》这本书和这个书名让我对企业家这个"种群"有了深切的认识。一个成功的企业家异于常人的，一定是他疯狂的执着、铁石般的信念及不顾一切的投入。

《时代周刊》《生活》《财富》《体育画报》的创始人卢斯的传记《出版人》也非常励志。它记录了卢斯从一个有理想的年轻人成为一个有世界级影响力的媒体大亨的心路历程。在阅读的过程中，我有些特别的快感。因为看到了我所熟悉行业的精神和专业精进方法，也仿佛看到了我身边很多朋友的影子。

杰克·韦尔奇的自传也非常值得一读。尽管现在来看他已经多少有点过气，但书中仍有几个细节给我留下了非常深刻的印象。一是他父亲的言行举止，甚至穿着上的一丝不苟所带给他的榜样力量；二是他对沟通的强调。他是我所知的企业家中最注重沟通的人物。他把一半的工作时间花在沟通上，并且认为"沟通比权力更重要"。十多年前我读这本书时，对这些理念是认识不足的。到了今天，才深深认识到这个老人的睿智和老辣之处。

除了《乔布斯传》以外，上面这些书大多出版于2000年前后。也就是在此期间，我基本完成了对"企业是什么"的思考。

作为一个曾经的企业研究者和后来的商业实务践行者，洞察趋势和潮流是我对自己的要求。

2005年我进入长隆，提了两个口号：一、长隆不是一个旅游企业，长隆是一个娱乐企业；二、长隆不是一个企业，长隆是一个媒体。

这是后来的14年中长隆的品牌和市场营销工作的定音器。从2005年到2015年，长隆在娱乐化营销这条路上一路狂奔；2015年前后至今，长隆在自媒体上持续发力。

形成娱乐化营销的想法，固然有很多的诱因，但尼尔·波兹曼的《娱乐至死》、大前研一的《低智商社会》给了我很大的启示。

在一个意义被消解、严肃被嘲笑的娱乐至死的、低智商的社会，一切传播都必须以娱乐的方式进行。

我一直以维珍的老板布兰森为标杆，后来遇见了《一切行业都是创意业》，欣喜若狂，觉得书里的每一句话都是对着我讲的。布兰森是世界级的娱乐之王，深谙引发关注之道，花样翻新、歇斯底里地制造各种娱乐传播素材。他不仅是娱乐之王，也是内容之王。

2015年左右，当我们认识到内容营销时代来临的时候，正好惠普出版了《首席内容官》一书。它提出一个观点：未来企业不仅要有CEO、CMO、CBO，还应该有CCO。在我看来，CCO完全有可能在未来取代CMO、CBO成为营销和品牌管理人员的终极身份。（另一个趋势是宝洁以首席增长官来重新定义CMO。）

《整合营销传播》这样的经典当然也必须看。"传播即营销，营销即传播"就是我从这本书里得到的真经。我认为一切经营活动的起点和关键点在于传播。企业和产品的品牌和销售信息如何有效地传达给消费者，这是一切经营成败的关键。我就我对这句话的理解当面请教过作者舒尔茨先生，他说我的理解是对的。

《体验经济》也是深刻影响我的营销观念的一本书。体验经济揭示的是一种全新的经济形态。但对于营销人来说，如何抓住消费者的痛点，让消费者为体验感而不是产品买单，这是我一直倡导的理念。"消费者消费的不是牛扒本身，而是煎牛扒的滋滋声"这句话，揭示了消费者深层的消费动机。与此相关的凡勃伦的《炫耀性消费》也是如此。

虽然角度不同，但炫耀性消费、体验经济讲的都是"滋滋声"。它不仅存在于奢侈品消费，也存在于大众产品的消费。这是一个显而易见的事实，可惜没有经过研究和思考的人永远看不明白这个真相。

《体验经济》的目光超越了实体经济，启发营销者必须忘掉具体的产品，而要擅长营造氛围和体验感受。这就是为什么我们后来要做大量看起来与产品推广完全无关的事，比如音乐节、跨年音乐会等。

《定位》毫无疑问是塑造我的营销观念的最重要的一本书。我在2000年前后接触到这本书，并开始践行这本书的原则。不管外界对于定位理论有什么质疑，在我心中，它的价值是至高无上的。"定位"无论对于企业还是个人，都非常重要。只有明确定位，才能集中精力做应该做的事，才能懂得如何有的放矢。

《定位》与波特的《竞争战略》异曲同工，解决的是企业战略层面的问题。2000年左右，通过《定位》理论，我尝试解决了我当时所创办的《赢周刊》的定位问题。在分析优势、劣势、机会、威胁后，我们把《赢周刊》的定位由一个宽泛的、面向所有财经人群的媒体改变为一个具有独特价值的、面向小众的媒体。我们的口号是：为中小企业服务。

定位改变后,《赢周刊》以迥异于《21世纪经济报道》《中国经营报》《经济观察报》的定位和报道风格(追踪商战、剖析成败、聚焦名人),迅速确定了自己的江湖地位。虽然不如后三者势大财雄,但在中小企业家和高管群体中不可替代。

当年和我们一起研究琢磨《定位》的邓德隆等人则更是因定位理论而成为现象级人物,先后打造了王老吉、瓜子二手车等强势品牌。

相关的阅读还可以看看《新定位》和《公关第一,广告第二》。这也是定位系列的丛书,但较之《定位》,已经有了一些修正和更新。

作为营销和品牌管理人员,《营销管理》一书是必读的。推荐大家阅读我的导师卢泰宏老师与菲利普·科特勒合著的第13版的《营销管理》,它结合了很多中国的案例和思考,尤其适合中国的读者。

菲利普·科特勒的另一本书《营销3.0时代》也是一本难得的好书。营销3.0的核心就是一个企业应当以宣传企业的使命、愿景和价值观为重点。仅这一点,这本书就值得中国企业学习十年。

技能的形成,是一个持续追求的过程。大量的阅读,可以让你持续保持观念的更新和对新事物的敏感。书中自有黄金屋。许多书里的观念和案例,可能直接转化为工作的指南或模板。

吴声和李善友是两位现象级的写作者。吴声的系列作品《场景革命》《超级IP》《新物种爆炸》以及李善友的《颠覆式创新》都干货满满,让人脑洞大开。这两个人都是趋势分析家,他们的书信息量很大,绝对是压缩饼干。

《刷新》,微软CEO萨提亚·纳德拉的著作,在书里,你可以了解到微软的变革和作者本人作为一位成功的商业领袖的个人魅力。

《广告争夺战》(肯·奥莱塔著)可以帮助你了解互联网数据霸主与传统广告巨头的博弈,见证一个时代的更替。

丹尼尔·平克的《全新思维》和山口周的《新人类时代》提出了全

新的人才观念和未来发展趋势，两者异曲同工，都昭示了一个高感性人群、新人类主宰时代的来临，很值得年轻人对照学习，持续精进。

有几本书，很大程度上塑造了我的互联网思维。如《长尾理论》《疯传：让你的产品、思想、行为像病毒一样入侵》等，其中克莱·舍基的《未来是湿的》和《认知盈余》对我后来形成对社群经济的理解和实践，影响尤其巨大。未来是一种无组织的组织方式，人们可以通过社会性工具为了一个共同的目的迅速有效地聚集在一起。而受过教育并拥有自由支配时间的人的自由时间的集合体，就是所谓的认知盈余，他们是各种社交媒体成功的推手。这些思维和观念运用于实践，将极大地激发社会资源，改变企业的生意模式和边界。

商务印书馆有一套被严重低估的书，其中的《主流：谁将打赢全球文化战争》《文化战略：以创新的意识形态构建独特的文化品牌》《论美国的文化：在本土和全球之间双向运行的文化体制》都非常好。这是培养世界视野和大格局的必修课。

有些本土企业案例的书也值得一读。如小米的《参与感》、海底捞的《海底捞，你学不会》、神州租车的《流量池》等。这些本土经验还是很有启发意义的。建议大家也看看叶茂中的《冲突》。千万不要忽视这些本土的老炮，他们对本地市场和世道人心的洞悉值得我们学一辈子。

我读书有个习惯，就是某一时期，或由于某个机缘，会集中读一批某个题材的书。比如去过日本后，回来就把关于日本文化及社会变革及中日关系的书全部买了。看了七八本后，成了半个日本通。

营销人在很多领域不一定是专家，但必须是杂家。开卷有益对于营销人来说尤其重要。除了营销外，我所关注的领域包括设计（包括平面设计和建筑设计）、音乐（明星传记以及音乐史）、历史（尤其是涉及20世纪60年代和80年代的历史）、电影、文艺等。另外，不管什么题材的畅销书，基本都会翻一下，哪怕只是在书店翻一下，以保持对社会热点的同步。

也推荐大家读一些抒写人文情怀的书。比如王鼎钧的《回忆录四部曲》、梁晓声的《人世间》（虽然我并不欣赏其文笔）等。这些作品饱含家国情怀，能让人深刻感受个体与国家、社会之间的血肉相连的扯不断理还乱的关系。真正宏大的策划和设想，一定是关乎这些民族大义的。

作为营销人，必须对新鲜事物有充分的兴趣和热情，所以，也推荐大家多看一些商业性杂志和生活趋势类杂志。我最喜欢的商业类杂志是《第一财经周刊》。《中国企业家》和《IT经理世界》也曾是我非常着迷的杂志。前者讲的是一个阶层的生意和生活。这对于当时还是媒体人的我来说，有着致命的诱惑力。后者在十多年前主要致力于介绍国外IT企业（当时还没有互联网企业的说法）的先进理念。这些理念让长期与传统企业打交道的我们茅塞顿开、豁然开朗。

《新周刊》和《三联生活周刊》仍是我非常愿意收藏的杂志。《新周刊》有着无与伦比的洞察力和概念提炼能力，对趋势、潮流的把握，对新概念的引入都非常值得关注。《三联生活周刊》常以封面文章长篇累牍地介绍某个现象或事件，有助于增加对它们的理解。如果没有时间读太多，建议你至少把2018年第33期总第1000期《与时代同行》找来看看，它记录的是一代中国媒体人的青春和情怀。

虽然定位是面向70后人群，但《城市画报》的品位是我所喜欢的。它的创意和对于生活美学不遗余力的推广，让我受益匪浅。

前一段看得比较多的是一财出的MOOK书。它主要讲时尚、设计、潮流，有着我所喜爱的浓重的日本元素。刚开始的几本挺不错，但最近的有些后继乏力。

过去在甲方时，我对迪士尼颇有不敬。但离开甲方后我看了很多关于迪士尼的书籍，越看越觉得迪士尼的确博大精深，值得反复咀嚼。《迪士尼战争》《迪士尼风暴》《高感性事业》《一生的旅程》《造梦者》尤其好——梦想、创意、雄心、奇迹——我真为过去忽略迪士尼而感到羞愧。